地域で1番の園をめざして！
幼稚園の経営を劇的に変える方法

雑賀竜一

少年写真新聞社

地域で1番の園をめざして！
幼稚園の経営を劇的に変える方法

第1章　未来へのシフトチェンジ

1 幼稚園を取り巻く現状と今後の方向性 …………………… 6
　幼稚園を取り巻く環境変化 …………………………………… 8
　これからの幼稚園がめざしたい姿～未来へのシフトチェンジ～ …… 9
2 基本となる2本の軸足 …………………………………… 12
　成功のトライアングル～成功するトップの共通思考～ …… 12
　先生満足の高い園づくり～ＴＳアップへのチャレンジ～ …… 15
3 ビジョンマネジメント ………………………………… 20
　園の理念・ビジョンの浸透 ………………………………… 21
　園風を創造する～組織内カルチャーで人は成長する～ …… 24

第2章　幼稚園マーケティングの基礎

4 斜陽期・衰退期のマーケティング戦略 ………………… 28
　時流適応経営 ………………………………………………… 29
　長所伸展法と力相応１番主義 ……………………………… 31
5 選ばれる時代の選ばれる視点 …………………………… 34
　保護者の選択眼～園の評判はハードではなくソフトで決まる～ …… 35
　自園の魅力の整理とポジショニングの把握 ……………… 36
6 園のプレゼンテーション能力 …………………………… 40
　魅力の伝達 …………………………………………………… 41
　園児募集活動の正しい理解～目的ではなくプロセスである～ …… 43

7 園児募集活動の事前準備 …………………………………… 46
　ターゲティングの重要性 ……………………………………… 47
　年間の募集シナリオづくり～適時に適切な情報提供～ ……… 49
8 過去を分析して未来を予想する ……………………………… 52
　募集数値シミュレーション～目標設定は具体的に～ ………… 52
　入園アプローチ分析～効果的な入園パターンを見つけよう～ … 55
9 現状に適した募集エリアの設定 ……………………………… 58
　募集強化エリアの見極め方 …………………………………… 58
　園児募集成功への取り組み事例～シェア発想の活用～ ……… 62
10 保護者の心理状態とメッセージの伝え方 …………………… 64
　認知度アップから好感度アップへのシフト …………………… 64
　入園説明会は思いの伝達の集大成 …………………………… 68
11 自園のプロモーションツールについて ……………………… 70
　基本的な考え方 ………………………………………………… 70
　作成のポイント ………………………………………………… 72
　園紹介パンフレットの作成 …………………………………… 76
　ホームページの作成 …………………………………………… 79
12 幼稚園マーケティングの整理 ……………………………… 82
　園の役割と未来コンセプトの実現に向けて …………………… 82

第3章　幼稚園マネジメントの基礎

13 園の根っこを強く育てる ……………………………………… 90
　幼稚園マネジメントの重要性 ………………………………… 91
　成功するトップの特長～組織はトップで99％決まる～ ……… 93
14 リーダーシップマネジメント ……………………………… 96
　園の理想実現に向けて～理想を明確に定義する～ …………… 96
　影響力こそ最大のリーダーシップ …………………………… 98
　信頼度の高いリーダーになるために ………………………… 102

15 感動と共感をつくり出す経営方針発表会 …………… 106
- 基本的価値観の整理とハンドブック作成 ………… 108
- プレゼンテーションの質が決めて ………………… 110

16 トップのバランス感覚と成長する組織づくり ……… 114
- 成功のためのバランスマトリックス ……………… 114
- 組織構造の基本を理解する〜4つのじんざいと2：6：2の法則〜 ……… 116

17 人材育成プロセスマネジメント ……………………… 120
- 人財が育つ組織の共通パターン …………………… 120
- 成長促進しやすい人材の特長〜人財になる人材を見極める〜 ……… 122

18 人材確保の競争時代へ突入 …………………………… 126
- 教職員採用の現状把握 ……………………………… 126
- 採用トレンドと取り組みポイント①〜採用マーケティング〜 ……… 128
- 採用トレンドと取り組みポイント②〜相思相愛の関係構築〜 ……… 132

19 人材教育システム ……………………………………… 136
- カテゴリー別教育プログラムの構築 ……………… 136
- 思いを共有しカタチにできる人を育てましょう … 138
- より高いレベルの人財を育てましょう！ ………… 141

20 言葉を行動につなげる成長促進の仕組み …………… 144
- 評価システムの構築 ………………………………… 144
- ほめる仕組みづくり〜認めるカルチャーが組織を活性化する〜 ……… 147
- コミュニケーションシステム〜帰属意識や一体感が生まれる園づくり〜 ……… 150

21 幼稚園マネジメント総括論 …………………………… 154
- 結局最後は"人"で決まる …………………………… 154

あとがき ……………………………………………………… 158

※本書は当社発行の幼児用写真ニュース2010年1月8日号〜2011年12月8日号の付録に掲載した記事に、加筆・修正を加え編集したものです。

第1章

未来へのシフトチェンジ

第1章 未来へのシフトチェンジ

幼稚園を取り巻く現状と今後の方向性

　みなさんこんにちは、雑賀竜一と申します。最初に自己紹介です。私は、幼稚園専門の経営コンサルタントとして約10年間、全国各地の幼稚園のサポートをしてきました。セミナーなどで講演をさせていただくこともありますが、基本的には毎日どこかの幼稚園にご訪問していることが多いです。

　しかし、コンサルタントがどのような活動をしているのかということは、あまりご存じでない方やイメージできない方も多いのではないでしょうか。実際には、その場で起こる経営課題や、そのほかのご相談に対するアドバイスからはじまり、園が長期的にめざしていく方向性を一緒に考えたり、園児募集に対する年間計画づくりから具体的な施策展開のアドバイスを行ったり、園の組織力を高め、すてきな先生がたくさんいる幼稚園にするために、採用から育成、そして組織の風土づくりにいたるまで、多岐にわたってお手伝いをする専門家といえば、少しはわかりやすいでしょうか。

　もちろん、園長先生や先生たちのちょっとした悩みや不安、たまには愚痴を聞くこともお手伝いのひとつですね。これは

意外と重要なんですよ。そのような仕事ですから個人的には、「幼稚園サポーター」といったほうが現実に即していると思っています。

　当然、最初からこのような内容のお手伝いができたわけではありません。ご縁をいただいた全国数百園の幼稚園を渡り歩いて得た現場体験、そして未熟だった私に人生の先輩としての指導をしていただいた、数多くの園長先生方からの、たくさんの情報や知恵が私の財産として蓄積されてきて、ようやく現在にいたります。

　全国数百の幼稚園を見ているからこそ、客観的な視点でア

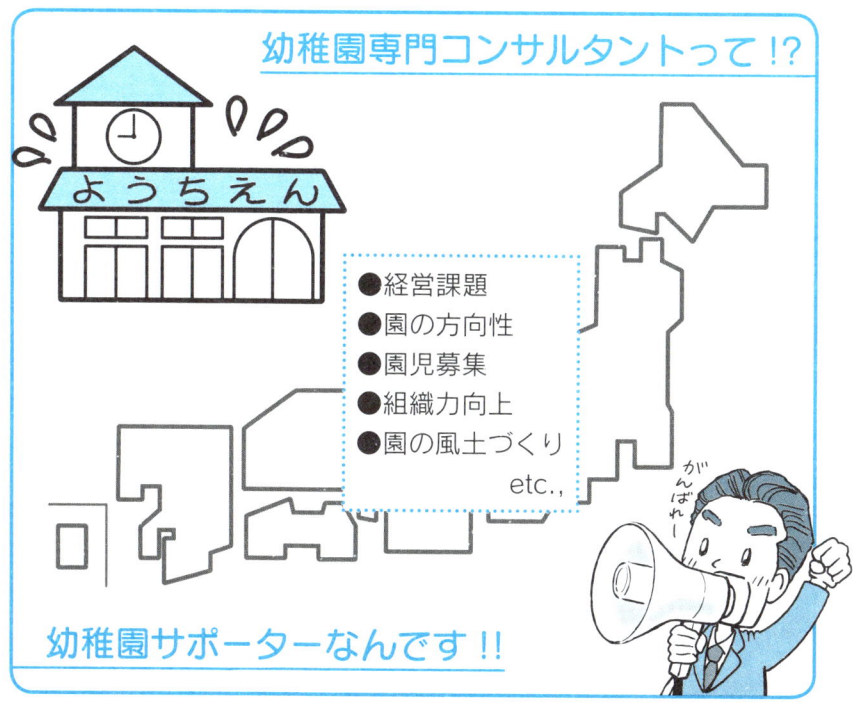

ドバイスができますし、経営コンサルタントとしての基礎マーケティングやマネジメント理論も、専門的に身につけてきましたので、現在のようなお仕事をさせていただいています。そうして得た知見から、まずは今の幼稚園を取り巻く環境について少し解説したいと思います。

■幼稚園を取り巻く環境変化

　－114、－112、－97、－110、－124……この数字が何をあらわしているかわかりますか？　実は、ここ5年間の幼稚園の1年ごとの減少数です。幼稚園は1年におよそ100園ずつ減少し続けているということですね。学校基本調査のデータをベースに計算しているので間違いのない数値です。平成17年から平成22年の5年間で557園が閉園しているというのが、数字で見て取れる厳しい現実です。しかし、幼稚園減少の中で、保育園は数が増え続けています。

　その背景には、不景気による共働き比率の増加、女性の社会進出促進による待機児童2.5万人問題などがありますが、現代社会のニーズの受け皿としての幼稚園と保育園では、今のところ保育園に軍配があがっているのが現実です。正直なところ、幼稚園には追い風が吹いているとはいい難い……。幼保一元化の流れや、「こども園」という新たな展開モデルも、今のところ、まわりの動きをうかがい、どうしようか足踏みしている園が多く、なかなか先行き不安な園長先生も多いの

ではないでしょうか。

　もちろん社会的ニーズに対応していくことも大切です。しかし、私は幼稚園をお手伝いしている１人のサポーターとして、社会の本質的ニーズを見失わず、本来の幼児教育施設としての役割を追求しながら、生き残っていける幼稚園づくりをめざしていただきたいと思っています。
　本来の役割とは、子どもたちが将来、すばらしい人財に育っていくための最適な環境を創造し続けること。それこそ幼稚園が追求する最高の価値であり役割ではないでしょうか。

■これからの幼稚園がめざしたい姿～未来へのシフトチェンジ～

　今の日本についてみなさんはどう思いますか？　私は違和感を持っています。引きこもり、いじめ、うつ病、若年層の犯罪、昔はそんな人、あまり身近にいませんでしたが、今は私のまわりにも、そしてコンサルティングの相談内容にも、そのような案件が含まれるようになりました。自分の常識では考えられないようなことが、毎日のようにニュースをにぎわせ、もはや常識という言葉を他人に説明することすら難しくなったと感じています。
　これは人が正しく育つための環境や、場づくりの崩壊がもたらした結果ではないでしょうか。すべてとはいいませんが、多くの子どもたちの基盤となる家庭環境の崩壊も、残念なが

ら目立ちます。そしてそれが地域社会へと波及して悪のスパイラルに……。

　子どもは適切な環境があれば成長します。今、非常に問題なのは、１番近くに寄りそっている親自体が、適切な環境として機能しきれていないことではないでしょうか。それは園長先生たちとよくお話しすることです。もちろんすてきなお父さん、お母さんもたくさんいらっしゃいますが、全体的な傾向としては、このような問題が現実化しているのです。

　そんな時代背景だからこそ、私が考える幼稚園の未来コンセプトは「幼稚園から家族園へ」そして「地域の教育総合コミュニティー施設へ」となります。親も子も、かかわるすべての人が成長し、そして地域社会にも貢献できる幼稚園こそ、本質的ニーズを満たす未来型幼稚園の姿ではないでしょうか。そしてその方法論は、各園で違っていいと思いますし、オリジナルモデルを創造したところが、新しい時代を切り開いていくと考えています。既存の延長線上に未来はなく、自ら未来を創造することが大切です。

　このコンセプトに賛同して実現をめざす幼稚園を、より多く創造することこそ社会貢献と考えて、コンサルタント事業を進めているところです。日本の未来をすてきな世の中にするために、幼稚園・幼児教育が果たす役割は、非常に大きいと信じています。

　しかし、理想と現実にはギャップがあることも現場に入れ

ばよくわかります。「そんなこといったって、明日園児が誰も来てくれなければ、先生が誰も来てくれなければ、この園は存続できないよ……」という切実な本音が聞こえてきます。ですから本書では、みなさんの幼稚園のファンをたくさん増やして、理想の姿に近づいていくための段階的進化のポイントを、整理してお伝えしていきたいと思います。

●幼稚園から家族園へ●

●地域の教育総合コミュニティー施設へ●

第1章 未来へのシフトチェンジ

基本となる2本の軸足

「幼稚園から家族園へ」そして「地域の教育総合コミュニティー施設へ」……。しかし、それぞれの園によって成長の段階が異なります。全国各地の数百の幼稚園を見てきてわかることは、同じ園は1園もないということであり、それぞれの成長プロセスがあるということです。ですから、その段階に合わせた適切なサポートやアドバイスを心がけています。

まず最初にご訪問する園で、私は何を確認しているか？ もちろん1日ご訪問しただけでは、その園の細かい状態まではわかりません。しかし、園のベースとして重要な点は「トップ（園長）の思考」と「先生満足」の2点です。実は、この2点が基本となり、園の軸足となっているのです。

■成功のトライアングル～成功するトップの共通思考～

次ページにある図を見てください。数年前から私が提唱しているもので「成功のトライアングル」とよんでいます。これは、国内外を含めた社会的に評価の高い組織（あらゆる業種・業界）のトップに、数多くの取材をした結果導き出された、

第1章 未来へのシフトチェンジ

組織運営に対する共通の思考や概念を、わかりやすく整理したものです。

　簡潔にお伝えすれば、経営のベースは「人」にあり。働く先生やスタッフたちの、満足・やりがい・モチベーションの高い環境をつくる中で、子どもや保護者の「満足」の実現可能性が高まり、最終的にその満足が地域の口コミとなって、園児数の確保につながるという考え方です。そして、そのすべてが連鎖して影響し合っているのです。

　当たり前ですが、園長先生１人だけでは園を運営することは不可能です。ですから、共に働く先生やスタッフに対する感謝の気持ちを持って運営することが重要です。

　成功しているトップは、ＥＳ（従業員満足）を優先しながら、その延長線上に子どもや保護者の満足が存在するという考えを持っています。「成功のトライアングル」を意識して、客観的に今の幼稚園の状態をチェックする中で、全体のバランスを上手に調整しながら運営をすることが重要となります。

　また、矢印が双方向に出ているのは、園児を確保してできた財源を、先生や子ども、保護者に再還元することで、さらに全体の満足度を継続的に高めていくという意味をしめしています。みなさんは先生たちのために、今年何を還元していますか？　子どもや保護者のために何を還元していますか？

　今の状態から全体的にバランスのとれた園にするためには、具体的に何から取り組むべきか考えることからはじめて

みてはいかがでしょうか。

■先生満足の高い園づくり～TSアップへのチャレンジ～

　幼稚園業界は、先生たちの入れ替わりのサイクルが早いという特性があります。これは最近では、幼稚園に限ったことではないようですが……。

　もちろんこの要因は、ほとんどが女性の職場であるということです。全体の傾向として寿退社（退園）のパターンが多いとはいえます。しかし最近では、そればかりではないようです。5月のゴールデンウイーク明けから、突然何もいわずに園に来なくなってしまう先生の話をよく聞きますし、そのような相談もよくあります。このようなことが頻繁に続くようでは園の運営に支障をきたすばかりではなく、園の評判や信頼を落とす結果となってしまうことでしょう。先生の辞め方はそのほとんどが以下の2パターンに分類されます。

> ①結婚や次の自分のステップに向かって、前向きな姿勢で辞めるパターン
> ②園の方針ややり方、労働環境に合わず、どちらかというと不満を持って辞めるパターン

　当然、後者のパターンを増やさず、前者のパターンを増やすことが重要になります。なぜなら、辞めた先生も園の口コ

ミの源泉になるからです。園に不満があって辞めていく先生が、その園の悪口をいうことで、悪い口コミが広がってしまうのです。かつ辞めてしまった先生は園の管理下から離れてしまい、コントロールできなくなります。

①結婚や次の自分のステップに向かって、前向きな姿で辞めるパターン
→ 良い口コミの源泉になる可能性も！

②園の方針ややり方、労働環境に合わず、どちらかというと不満を持って辞めるパターン
→ 悪い口コミの源泉に！

　この業界が恵まれている点は「幼稚園の先生に、しょうがなくてなりました」という人が、ほとんどいないということです。そのほとんどが幼稚園の先生になることを小さなときから夢見ていた人なのです。ですから、最初はみんな自分の

仕事に対する憧れや期待を持って就職をしてきます。しかし、日々の仕事を通じて現実を体感することで、理想と現実のギャップを感じ、少しずつ憧れていた気持ちが摩耗し、心身が疲弊していきます。そうすると、自分が憧れていた職業の仕事に対するやる気を失い、満足感を得られなくなり、ストレスが蓄積されていきます。このようなプロセスでＥＳ（従業員満足）が落ち込んでいくのです。

ＥＳ（従業員満足）が落ち込んでいる状態の幼稚園では、その結果として仕事の効率が落ちたり、教育内容の質の低下につながったり、保護者対応が緩慢になったりといった現象が起こります。そのようなことが重なると、園全体の品質劣化につながり、最終的には悪い口コミが広がって園児が集まりにくくなる危険があるのです。

つまり、ＥＳの落ち込みはＣＳの落ち込みにつながります。私は幼稚園業界の方々には、ＥＳをアレンジしてＴＳとお伝えしています。ＴはティーチャーのＴで、ＴＳとは先生満足や教職員満足のことです。

　子どもや保護者に満足を提供できない園は存在価値がないに等しい。より高い、子どもや保護者の満足の追求は、そうする先生たちの満足によって可能となる。
　園長の目というのは、とかく自園の先生より、子どもや保護者に向けられがちだ。しかし先生の園への満足なしに、子どもや保護者の満足などありえないと断言でき

17

る。先生は自分が満足して、はじめて、まわりの人に心のこもった応対ができるからである。

　園のトップが先生たちを満足させられない以上、その先生たちは、子どもや保護者を満足させられないという当たり前の事実に、早く気づくべきである。

◎先生満足◎

◎先生不満足◎

この言葉は、ある有名な会社の社長がお話ししていた内容を幼稚園用に少しアレンジしたものです。もちろん、子どものことを第一に考えるのは当たり前ですが、それと同じくらいの気持ちで、先生たちに接することが重要という意味です。しかし勘違いしてほしくないのは、先生たちにおもねるのではないということです。おもねらず、仕事にやりがいと満足感を持ってもらう……。その方法は第3章で詳しくお伝えしましょう。

　現在、みなさんの園の先生方は、明るく元気にやりがいを持って働いていますか？　1人ひとりの気持ちを把握できていますか？　先生たちがみなさんの園のファンであるかないか……そこが大きなわかれ道となるのです。
　このように「トップの思考」と「先生満足」は、園づくりの根幹を成すものです。このベースが成立している園では、その後の具体的な取り組みが、協力的かつ効果的に進んでいくようになります。つまり、やること成すことが好循環していくのです。何かを焦って取り組む前に、1度ゆっくりとこの2つの視点で、自園を見つめなおしてください。
　あなたの園の理想への1歩と、ファンづくりは、ここからはじまります。

第1章 未来へのシフトチェンジ

3

ビジョンマネジメント

　一言に「先生満足」といっても、その定義づけは難しいものです。人によって何に満足感を得られるかも違います。それでは、働く先生たちやスタッフがやりがいを感じて前向きに「がんばろう」と思う瞬間というのは、どのようなときなのでしょうか？　私は、以下のような気分を感じたときだと考えています。

> ①社会やお客様（子どもや保護者）に対しての**貢献感**
> ②組織の中における、やりがいのある**使命感**
> ③自分自身の技術や知識などの**向上感（成長感）**

　当然、ほかの要素が起因して動機づけされることはたくさんあると思います。お給料の金額が動機づけになる人もいるでしょう。しかし、①～③のような内容が動機づけのベースになっている園こそ、本当に組織のレベルが高い園だと考えています。ですから、園を運営するトップやリーダーとしては、先生たちに貢献感と使命感と向上感（成長感）を感じる瞬間を、たくさんプロデュースしてあげることが大変重要な仕

事になるのです。それには園の理念とビジョンから、見つめなおす必要があります。

■園の理念・ビジョンの浸透

園の理念・ビジョンとは、簡単にいえば次の質問に対する各園の回答になります。

> あなたの園は何のために存在しているのですか？

みなさんはこの質問に、自信を持って回答できますか？

> 志なきところに目的なし、目的なきところに目標なし、目標なきところに計画なし、計画なきところに成果なし。

この言葉は、ある有名な老舗和菓子メーカーの役員の方がお話ししていたものです。志のことを「ビジョン」といいます。

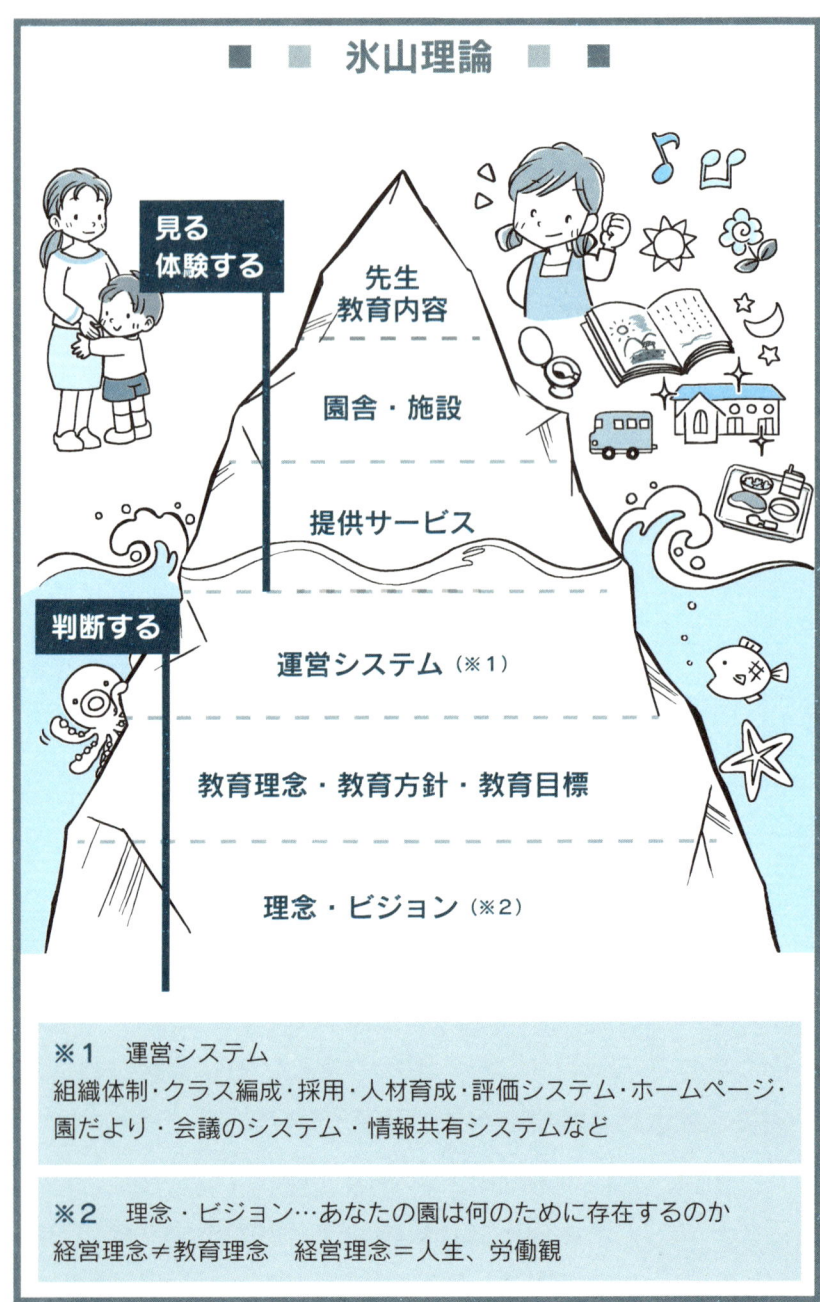

自分の園は、何を成し遂げるためにここに存在しているのか。そのビジョンを見つめなおすことで、目的、目標、計画が具体的になり、成果や結果につながるということですね。

　左ページの図は「氷山理論」といって、理念・ビジョンをベースに、どのように園が組み立てられているかを図式化したものです。ここで1番お伝えしたいのは、保護者は見える部分（先生、園舎、施設など）を通じて、その園の本質を感じ取っているということです。その園が大切にしていることが、現場の第一線で働く先生たちの行動や具体的な教育内容、施設・設備等にしっかり反映されているかが重要なのです。「あそこの園の園長は立派な考えを持っているけれど、口だけかもしれない……」などと、思われないようにしなければなりません。
　どんな時代でも、安定していて人気を保持し続けている組織は、「氷山理論」の図の下から上までが、一直線につながっている組織なのです。その組織で働いている人間が、理念や方針を理解、共感し、その考え方がベースになった行動を誰もが実践できる体制になっているのです。これができていない園は、いっていることとやっていることに一貫性がない状態であり、自分たちの明確な主張を持っていないため、保護者の意見に迎合し、その意見に右往左往して対応しなければならなくなります。その結果として、先生たちの余計な負担やストレスが増え、悪のスパイラルに突入してしまうのです。

その逆に、考え方と行動に一貫性がある組織は、お客さまから信頼と安心を勝ち取ることができます。そしてある程度、これらのビジョンマネジメントが進んでいる組織では、全体の目的や目標などの共有度合いが高く、「何のためにがんばっているのか」が明確なので、貢献感や使命感や成長感を実感できるようなマインドが、先生たちの中に醸成されていくはずです。

■園風を創造する〜組織内カルチャーで人は成長する〜

　このように、理念・ビジョンや園長の思いを共有していく中で、園の風土が育っていきます。私はその風土のことを「園風（えんふう）」とよんでいます。園の雰囲気のことです。多くの園を見ていると、入った瞬間にその園の「園風」をなんとなく察知することができます。「園風」は、各園で非常に大きな差を感じます。
Ａ園……「この園は、先生がみんな元気に明るくあいさつをしてくれる」
Ｂ園……「この園は、玄関も暗くて、先生の対応も印象が良くないな」
　みなさんであれば、どちらの「園風」を望みますか？　当然、Ａ園になりますよね。私はこの「園風」が非常に大切であると考えています。マニュアルをつくっても「絵に書いた餅」になってしまうのは「園風」が育っていないからです。特に

第1章　未来へのシフトチェンジ

若い先生は、マニュアルよりも「園風」から受ける影響のほうが、はるかに大きいのです。なぜならば、何をやっていいかわからない新人の先生は、先輩たちの仕事に対するスタンスや取り組み方を見ながら、仕事を覚えていくからです。マニュアルが必要ではないとは思いませんが、マニュアルさえあれば人が育つという考えは間違いなのです。先輩がだらしないあいさつをしていたら「あの程度でいいのか……」と思うのが若い先生なのです。紙がマニュアルの園ではなく、人がマニュアルになっている園になることを、めざしてほしいと思います。

「園風」はその園の文化でありカルチャーです。短期間で組織内の理想的なカルチャーを創造することは、難しいと思います。しかし、理念・ビジョンが浸透していくプロセスの中で、そのカルチャーは確実に根づいていくのです。ぜひ、中長期的な視点で、自園の理想の「園風」づくりにチャレンジしてほしいと思います。

第2章

幼稚園マーケティングの基礎

第2章 幼稚園マーケティングの基礎

4 斜陽期・衰退期のマーケティング戦略

　前章では、園が大切にしている思いや考え方に基づいて、各種の取り組みや先生の対応にいたるまで、一貫性を持った体制づくりが園の基盤を安定させ、いかなる変化にもぶれない園をつくりあげていくとお伝えしました。もちろんその取り組みが、最終的には、子どものさらなる成長促進につながっていくことが大前提となります。そして、その体制づくり（ビジョンマネジメント）を進めていくプロセスの中で、園や先生たちが成長できる風土が醸成されていきます。

　このような、園の基盤をしっかりとした安定したものにするには、あせらず中長期的な視点で取り組まなければなりません。人間も組織も、今日何かをしたからといって明日すぐに結果が出るものではないことは、みなさんも今までの経験の中で、よく理解していることでしょう。

　しかし、中長期的な視点での基盤づくりと同時に進めなければいけないのは、現実に起こっている課題への対応でしょう。全国的に、幼稚園は1年で約100園が減少し続けていることはお伝えしました。やはり園児募集に対する不安は、多

第2章 幼稚園マーケティングの基礎

くの園長先生がかかえているテーマのひとつです。こんな時代ですから、危機感を強く感じている方々より、たくさんのご相談を受けます。

昔は今の2倍の園児がいたけれど……これからうちの園はどうなってしまうのか?

この園のまわりにはもうほとんど子どもがいない……どうすればいいのか?

■時流適応経営

　幼稚園はライフサイクル理論で考えると、成長・成熟期を経て、斜陽・衰退期に完全に移行している段階です。急成長期であった1970年〜1980年は、10年間で4000園の幼稚園が世の中に増えていきました。しかし、転換点を迎えた1990年から現在までの20年間で、約1600園の幼稚園が

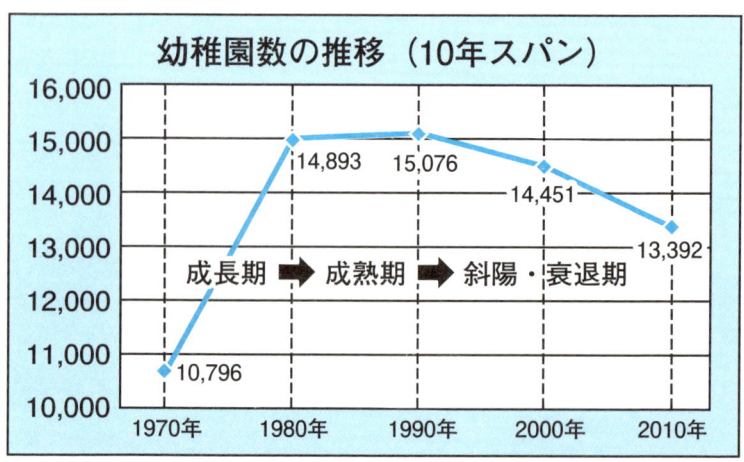

減少しています。第2次ベビーブームの恩恵を受けていた1970年代は、需要に対して供給が少ない時代ですから、そこに園があれば、子どもが入園してくる時代であり、園児募集に困っている園は、ほぼなかった時代です。極端ないい方をすれば、何もしなくても子どもがたくさん入園してくれたわけです。

　しかし、斜陽期に入った1990年代からは少子化時代の突入により、需要と供給のバランスが逆転したので、幼稚園も選ばれる時代に突入しました。そして、人気幼稚園と不人気幼稚園の二極化現象が起こっています。

　では、成長期と斜陽・衰退期で同じことをしていていいのか？　答えは、否です。成長期の段階では、園の存在を認知させることのみで十分だったのですが、斜陽・衰退期には、保護者が数多くの園からみなさんの園を選択する時代になっていますので、次の視点が重要になります。

> ①あなたの園には、**他園にはない魅力や強み**があるか
> ②あなたの園の**存在訴求ではなく、価値訴求**ができているか
> ③あなたの園の魅力・強み・価値を**わかりやすく伝える**ことができているか

つまり、選択するための理由が明確になっていて、その特長をしっかりと伝えることができると、選択する側は選びやすいということです。

■長所伸展法と力相応1番主義

いろいろな園のサポートをさせていただいて思うことは、「魅力がない幼稚園はない」ということです。しかし、自分たちでは「そんなことは当たり前」と思っているので、その魅力に気がついていない場合が多いのです。

それぞれの園には必ず長所があります。園の長所にフォーカスして、それをさらに伸ばすためにはどうしたらいいかを考えることが重要です。これを「長所伸展法」といっています。その逆を「短所是正法」といいます。短所是正では組織は活性化しないのです。短所や苦手なことにフォーカスをするのではなく、長所や得意なことにフォーカスしていただきたい

と思います。この視点は人材育成にも同じことがいえます。
「あなたの園の長所、魅力、自慢できることは何ですか？」
それを見つけて、さらにさらに伸ばしていきましょう。

　なぜ、あなたの園の長所を伸ばさなければならないのか？　それは「１番と２番の差は２番と100番の差より大きい」からです。これは、長所伸展に加えて大事な考え方です。上記の言葉ではよくわからない方も多いと思いますので、事例で解説します。
　みなさん、日本で１番高い山はわかりますか？　そうです、富士山ですよね。それでは２番目に高い山はわかりますか？　……北岳という山です。
　日本で１番大きい湖はわかりますか？　そうです、琵琶湖ですね。それでは２番目は？　……霞ヶ浦という湖です。
　１番目はわかっても、２番目はわからないという方が多いと思います。これを「１番主義」といいます。

つまり何かで１番にならないと、ほとんどの人に認知されていないということです。１番以下は２番でも５番でも100番でも一緒なのです。

次に、摩周湖は聞いたことがあったり、知っていたりする人もいるのではないでしょうか。田沢湖も聞いたことがある人がいるでしょう。実は、摩周湖は透明度で日本一であり、田沢湖は深さで日本一です。これを「力相応１番主義」といいます。１番になれる要素は、高さや大きさ以外にも透明度や深さなど、たくさんの要素があるということです。

ですからここでお伝えしたいのは、あなたの園を見つめなおし、同エリア内で自分たちの力相応でいいから、１番になれる要素があるかを確認してほしいのです。それが現在１番であれば、どの園もまねできないレベルに高めること、もしまだ１番の要素がなければ、自園の長所を抽出して、それを１番のレベルまで高めようと決定し、宣言してほしいと思います。

そうすることにより、あなたの園にどうしても入りたい理由を強く持った子どもたちが、たくさん入園してくれる未来の実現への、第一歩となるでしょう。

第2章　幼稚園マーケティングの基礎

5　選ばれる時代の選ばれる視点

　斜陽・衰退期に移行している幼稚園は、"選ばれる時代"に突入しています。そんな時代背景の中で、自園を見つめなおし、「自園の魅力・強み・自慢できること」をさらに伸ばす視点を持つこと。そして、自分たちの力相応で1番になれる要素を見つけて、継続的に進化させることによって、選ばれる理由がより明確なカタチになっていくのです。

　しかし良い意味でも悪い意味でも、多種多様な価値観が世の中に蔓延している時代です。どのような強みや魅力を持てば、たくさんの人たちに理解されて、選択される幼稚園になるのか……といった不安を感じていらっしゃる園長先生も多いでしょう。

> 今の保護者の希望通りに運営していたら、こちらの理想的な園にはならない……
> 最近は自分の意志ではなく、まわりに振りまわされたり、合わせたりしながらいろいろな判断をしていないか？

第2章　幼稚園マーケティングの基礎

　それでは、保護者がどんな視点でみなさんの園を見ているのかを整理してみましょう。

■保護者の選択眼〜園の評判はハードではなくソフトで決まる〜

　ズバリ、園の評判はソフトで決まります。ハードでは決まりません。私がサポートしてきた、全国の幼稚園の保護者に「園を選ぶ際に重視することは何ですか？」という内容で、アンケートをとった集計結果です（下図）。全部で30項目程度のアンケートの中で、上位にランクされた項目を抽出しました。

これはある１園のアンケート結果です。しかし全国数十園の1000人以上の保護者を対象に集計しても、同じような内容がランク上位に来ることは予想することができます。それは、ほとんどの園でこのような結果になるからです。これは調査結果に基づいた、まぎれもない事実なのです。上位にランクインしていないアンケート項目の中には、園の立地や、立派さ、バスや制服のデザイン、園庭の広さ、などのハード的視点も設けていますが、実際に園を選ぶ際の重視度を真剣に考えていただくと、前ページ図のような結果になるようです。

　つまり、園舎の立地や立派さなどよりも、先生たちの印象や教育内容、保護者との接点づくりが非常に重要になるということです。これが良い口コミの源泉になっているからです。当然、安全面への配慮や園舎をきれいにするのは、現場の教職員であるので、ここから、ソフト面がいかに重視されているかがおわかりいただけると思います。園舎などのハード面にお金をかけることも必要だと思いますが、先生たちの人的魅力づくりや教育プログラムの進化、安全対策などに時間とお金を投資することのほうが、もっと重要で効果的であるとお考えください。限られた資源の効果的活用を行っていくことも、運営手腕です。

■自園の魅力の整理とポジショニングの把握

　いろいろな園のサポートをさせていただいて思うことは、

第2章　幼稚園マーケティングの基礎

「魅力がない幼稚園はない」ということだとお伝えしました。その長所を客観的に整理整頓ができていない園が、とても多いと感じています。園も人間も、自分たちの強みや魅力を正確に理解することから、成長の方向性が明確になっていきます。まずは１度、自園の魅力や強みを、以下の視点で抽出してみることをおすすめしています。

①あなたの園の人的(先生、スタッフなど)魅力は何ですか？
②あなたの園の教育的(教育プログラム、行事など)魅力は何ですか？
③あなたの園の施設的(園舎、設備など)魅力は何ですか？
④あなたの園の、そのほかの(他園が取り組んでいないことなど)魅力は何ですか？

①〜④を自分たちの視点で書き出してみてください。この内容で全体の研修などをしてみることもおすすめしています。しかし、これではまだ正確に整理整頓できたとはいえません。自分たちの視点以外に、あと２つの視点を加えることが必要となります。

①保護者(利用者)の視点
②競合となる園の視点

保護者の視点から見た自園の魅力、強みは何なのか？　これは、年間で数回行っているであろう保護者アンケートなどを活用して、おほめの言葉を整理すれば見えてきます。
　現代は、物事を判断する際に口コミを重視する時代であることは、みなさんもおわかりだと思います。保護者同士、いわゆるママ友といわれるコミュニティーの中で、日々いろいろな情報交換がされて、それが判断基準のベースになっているのです。ママ友の平均人数は6.5人というデータが出ています。そのコミュニティーに、どのような魅力が伝わっているかが重要となるでしょう。
　そして、自分たちがいくら魅力である、強みであると判断しても、競合関係にある近隣園がそれを上まわった状態であれば、自園の魅力や強みとは判断できません。ですから、まずは自分を知り、そして相手を知ることによって、正確な整理整頓をすることが必要です。
　これを理解している優秀な園長先生は、いろいろな園を視察する機会をなるべく多くしながら、自分たちが今おかれているポジションを把握する作業を、日々実行しているのです。自園の中に埋没していると、その感覚が鈍ってきて、いつの間にか、自己満足や独りよがりになっていることに気がつかない状態になりかねませんので、気をつけてください。
　ぜひ、自園の魅力の整理整頓を行い、今、ご自身の園がどのポジションにおかれているかを正確に把握して、次の一歩を間違いなく踏み出していただきたいと思います。

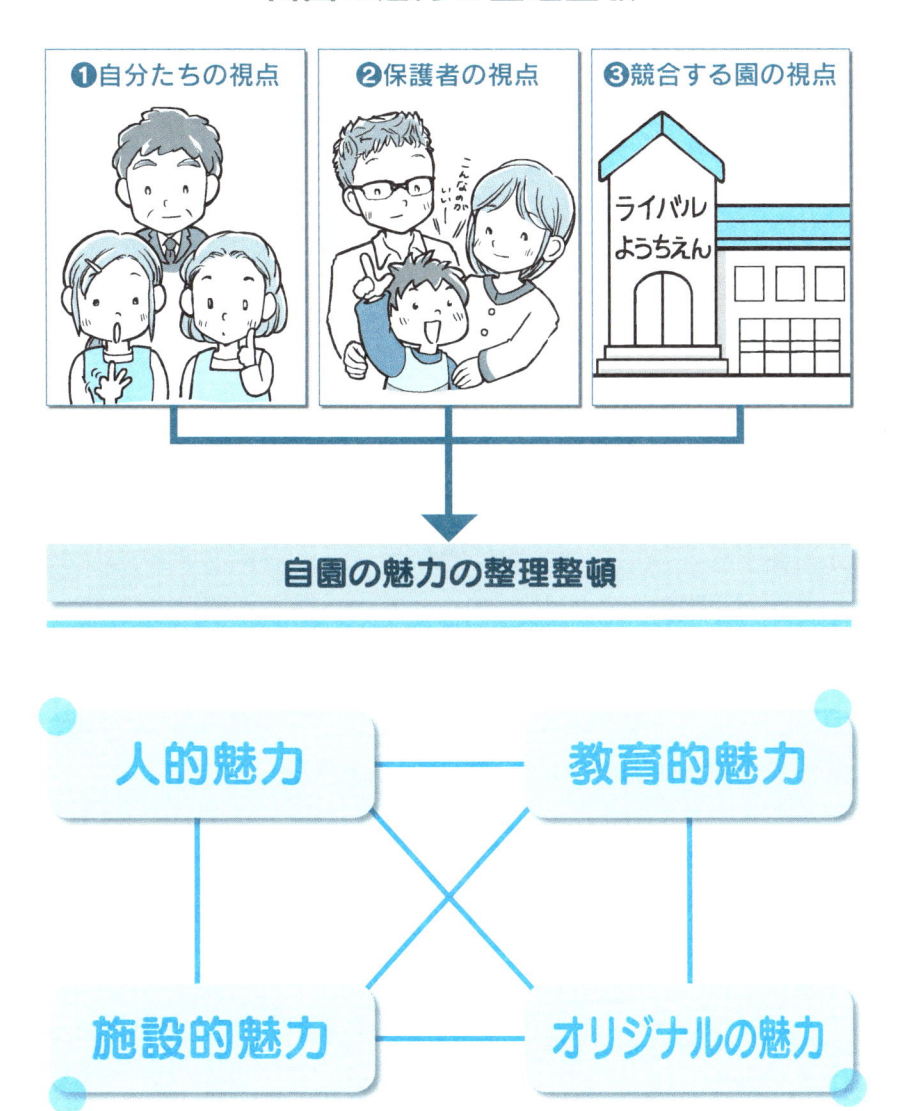

第2章　幼稚園マーケティングの基礎

自園の魅力の整理整頓

❶自分たちの視点　❷保護者の視点　❸競合する園の視点

自園の魅力の整理整頓

- 人的魅力
- 教育的魅力
- 施設的魅力
- オリジナルの魅力

第2章 幼稚園マーケティングの基礎

6 園のプレゼンテーション能力

　園の評判のベースとなるのは、ハード面ではなくソフト面（先生たちの印象や教育内容など）であること。また、自分たちの魅力を正確に把握するためには、4つの視点から見なおすと整理しやすいこと。そして、自分たちが認識している魅力だけではなく、保護者の視点やまわりの園を含めた相対的な視点での判断が求められるということ。これらのポイントを通じて、自園の魅力の整理整頓を行い、今、ご自身の園がどのポジションにおかれているかを正確に把握することで、自園が何に力を結集して、がんばらなければいけないかが見えてきます。

　しかし、こんなふうに思っている園長先生もいらっしゃるのではないでしょうか。
　「自園は、十分に魅力があるし、すばらしい教育内容だと思っているけれど……」
　「すばらしい教育ができているのに、なんで保護者はわかってくれないのだろう……」
　魅力があれば、すばらしい教育内容であれば、それはまわ

りに伝わっていく……。それは半分正解ですが、半分は間違いです。魅力の整理整頓とポジショニングの把握の次のステップは、魅力を上手に伝えるノウハウを身につけなければなりません。魅力を上手に伝達するための準備が整理整頓なのです。整理整頓で終わった気分になっていては、期待する結果を手に入れることはできないのです。整理整頓の次は"伝達"です。

■魅力の伝達

　多くの園をサポートしていて強く感じることは、魅力の伝達方法で大きな差がついているということです。同じような魅力や長所や特長を持っていたとしても、伝え方によって、それぞれが受け取るものはまったく異なります。私はこれを「園のプレゼンテーション能力」とお伝えしています。

　これからみなさんの園が、「家族園」「地域の教育総合コミュニティー施設」として影響力を持つためには、この「プレゼンテーション能力」を高めることが、大変重要になると考えています。そして、生き残る幼稚園の絶対条件として求められるのも、この能力だと確信しています。
　みなさんの園が魅力を伝える方法や手段には、どのようなものがあるかを再確認してみましょう。まずは、各種のプロモーションツールが思い浮かぶと思います。一般的には「園

紹介パンフレット」、「ホームページ」、「園だより」などですね。そのほかには、「入園説明会」なども魅力を伝える重要な機会になっていると思います。

　ある園長先生に「園の魅力や長所、特長は何ですか？」と質問をしました。すると、「うちの園は先生たちが魅力です。体育活動には自信があって、こんなすばらしい賞ももらっています。自然教育には特に力を入れていて……」などと目を輝かせながらお話ししていただきました。しかし、事前にパンフレットやホームページなどを確認していた私は、その話を聞くまでは、この園にそんなにたくさんの魅力があるとはまったく感じていなかったのです。この感覚は、多かれ少なかれ、すべての園に当てはまると思っています。

まずは少なくとも、整理整頓した魅力が、パンフレットやホームページでわかりやすく表現されているかを、園長先生の視点だけではなく、先生たちとも一緒に再チェックしてみてはいかがでしょうか。改善できそうなポイントがたくさん出てくると思います。

　魅力の整理整頓から各種ツールへの連動チェックまでを、研修プログラムとして取り入れるのもおすすめしています。自分たちの伝えたいことが、働くみんなの頭の中で整理されるからです。新しいツール開発や細かい表現テクニックやノウハウの話については、もう少し話が進んでから、詳細に書きたいと思います。

■園児募集活動の正しい理解～目的ではなくプロセスである～

　「園児が集まらなかったらどうしよう……」と不安をかかえながら、毎年のように10月1日もしくは11月1日を迎える園もあれば、5日前から徹夜で保護者や家族が並ぶ園もあります。では、園児募集は何のために取り組むものなのでしょうか？　園児獲得のため……もちろんそれはそうなのですが、もう少し大きな視点で考えるべきだと思います。

　多くの園を見て、たくさんの園長先生とお話をさせていただく中で違和感があるのは、園児募集活動が目的化してしまっている園があるということです。それぞれの園には、創

立の思いや理念・ビジョンがあり、それを段階的に実現するために、日々がんばっていらっしゃるはずです。それが本来の運営の目的のはずです。

　私は、園児募集活動は「自分たちの園のファンづくり活動」だとお伝えしています。ですから、運営の目的ではなくプロセスなのです。みなさんの園が段階的に成長するために、そして、時代の流れから逸脱しないように、毎年のチェックをしてもらうものだと考えたらいいのではないでしょうか。

　みなさんの園の考え方や取り組み内容などに、共感・共鳴してくれる人々をファンとよびます。園とファンは心でつながっているので、いつもオープンハートで互いに協力的な関係構築ができます。このようなファンをたくさん集めるために取り組んでいる活動が、園児募集活動だと思います。これは先生たちの採用活動でも、まったく同様に考えるべきだと思います。そう考えていくと、実は園長先生のファンづくり活動だといっても過言ではないのです。

　ご自身の思いに共感してくれる人たちの力を、たくさん集めているか……？　そのために、どのような努力や勉強ができているか？　「組織はトップで99％決まる！」という言葉がありますが、確信をついていると思います。

　1人で成せることには限界があるので、たくさんのファンの力を活用して、子どもたちのすてきな未来を創造するのが、園長先生の重要な仕事だと思います。園児募集は、自園が成

長するために必要なプロセスであり、具体的にはファン創造活動であると私は考えています。

園児募集活動の目的

＝

自分たちのファンづくり活動

園の理念
教育方針

第2章　幼稚園マーケティングの基礎

園児募集活動の事前準備

　各園の「魅力の伝達方法」＝「園のプレゼンテーション能力」が、差別化の大きな重要ポイントになってきています。整理整頓した園の魅力が、各種のプロモーションツールにわかりやすく反映されていて、はじめて自園の魅力がメッセージ性を持って発信されていきます。

　また、園児募集活動は園運営の目的ではなく、あくまでも園の理想を実現していくためのプロセスであり、通り道なのです。そのプロセスの中で、自園の考え方や思いに共感・共鳴し、ともに協力的な関係を築いていけるファミリーをたくさん集めることこそ、自分たちの理想を実現するために大変重要なプロセスなのだと認識してほしいと思います。

そのような理解の上で、園児募集活動の質を高めていけば、本物の"家族園"として進化していくベースができあがっていくでしょう。

■ターゲティングの重要性

ここ数年の全国における園児募集活動状況や結果を見ると、大きな傾向がはっきりわかります。「2つの二極化」が顕著になってきています。二極化というと、勝ち組負け組のような印象を受けるかもしれませんが、幼稚園でもそのような現象が起こっているようです。

ひとつめの二極化は、「立地条件による二極化」です。日本全体の平均値で考えれば、少子化で子どもの数が減少しているのは間違いないことです。しかし、首都圏などの開発振興エリア、首都圏沿線のベッドタウンエリアに関しては、少子化というよりも、子どもが増えているのが実情です。そのエリアでは、待機児童問題が勃発していますし、子どもたちを受け入れる施設環境が不足しているのです。

一方、上記以外の地方エリアにおいては、子どもの数が年々減少し、そのエリアのすべての幼稚園が、定員充足することなく、厳しい運営を強いられているところも少なくありません。自分の園が、このようなエリアではなく、好立地条件にあればよかったのに……と、嘆いている園長先生も多いことでしょう。

2つめは、「同エリア内での人気園、不人気園の二極化」です。同エリア内にある各園の中で、願書配布日に朝から長蛇の列ができる園もあれば、そのとなりの園は誰も並ばず、用意した願書が余ってしまった……という二極化です。

そこで、ただ嘆いていても状況は好転しませんから、まずどんな視点を持つべきか考えてみましょう。最も重要な視点が「ターゲティング（絞り込み）」という視点です。

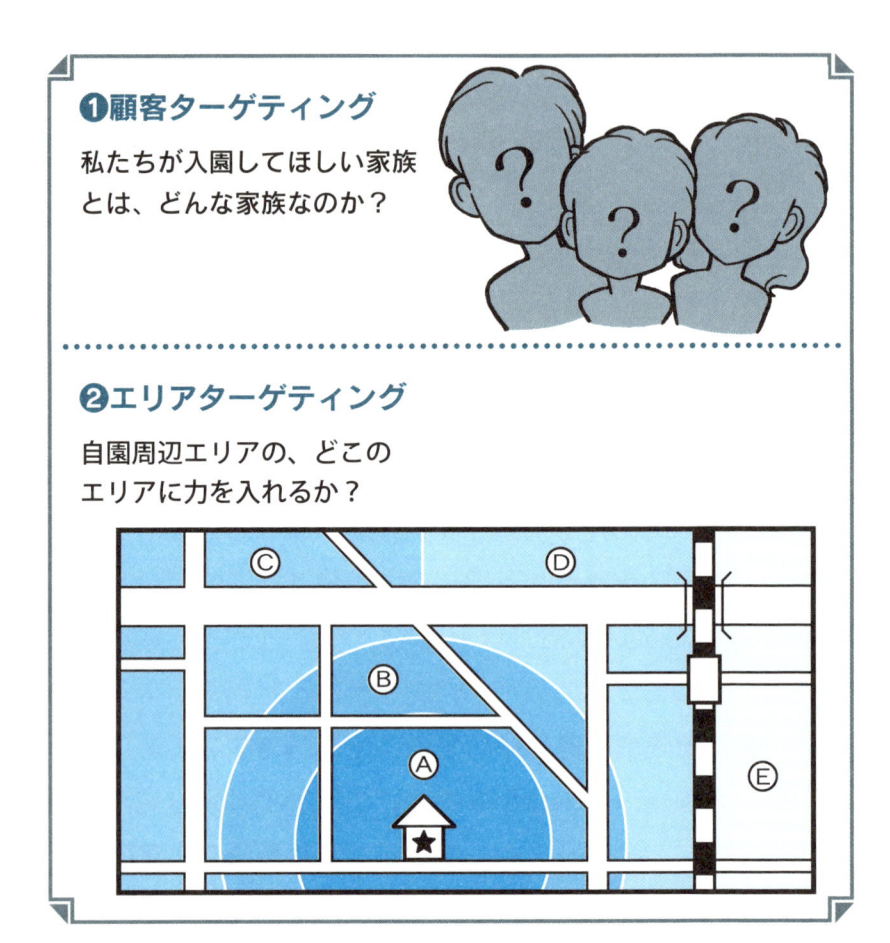

❶顧客ターゲティング

私たちが入園してほしい家族とは、どんな家族なのか？

❷エリアターゲティング

自園周辺エリアの、どこのエリアに力を入れるか？

まず左ページ図の①②の視点で絞り込むことが重要です。顧客ターゲティング、エリアターゲティングが不明確で、なんとなく募集活動をしている園が実に多いですね。それを絞り込むことによって、漠然となんとなくしていた活動から、「どこの・誰に・何をすべきか」が、より明確になります。限られたリソース（時間、お金、人員など）を、効果的に活用するように考えるべきです。この視点で、今の募集活動を再検討することをおすすめします。

■年間の募集シナリオづくり〜適時に適切な情報提供〜

当然おわかりのように、園児募集は1日にして成らず。自分たちのターゲットを明確に定めた後は、年間の募集計画づくりをしていきましょう。

募集計画は、年間を通じて戦略的に組み立てなければなりません。計画のゴールの数値的な目標は、目標新入園児数の確保ということになります。しかし、最近の園児募集活動の流れや結果を見ていると、うわべや小手先のテクニックだけでは、募集効果が高まることはないようです。

簡単にわかりやすくお伝えすると、パンフレットを新しくして、ホームページをリニューアルして、未就園児のためのイベントや教室を開催……。このように、よかれと思ってたくさんのことをやっているのに、結果が思わしくない園を、

私はたくさん見てきました。いろいろがんばっているのに、成果があまり出ない園からの相談をたくさんいただきます。

では、そこからどのように工夫すると成果につながりやすくなるのか……。その答えは、保護者の心理状態を深く考えることがポイントとなります。

自分の子どもが入園を控えている保護者の心理は、年間をかけて波のように変化をし続けます。そこで大切なのが「欲しい情報、欲しい体験、欲しい魅力を、最適のタイミングで提供する」ということです。例えば、4月の段階から園の詳しい募集要項を欲しいと思う保護者はあまりいません。まだ欲しくない情報を強引に押しつけても、それは逆効果になりかねません。もしくは押し売りですね。

> **ポイント** 保護者の心理は波のように変化する
> ①どの時期に
> ②どのような情報が欲しくて
> ③どのような体験を望んでいて
> ④その園のどんな魅力を欲しているか

左ページ図にまとめた①〜④を踏まえて、園児募集の年間シナリオを作成することが、成功の大きなポイントなのです。具体的には、どの時期にどんなツールで何を伝えるのか、募集対象となる未就園児には、どんなプログラムでどんな体験を与えるのか……そうすると、保護者はどんな気持ちになってくれるのか……というシナリオを作成するのです。

　そして「どうしてもこの園に自分の子どもを入園させたい！」という心理に導いていくストーリーこそ、募集計画づくりです。がんばっているのに成果が出てこない園は、そこに落とし穴があることを、見落としているケースが多いようです。ぜひ、募集シナリオ作成に真剣にトライして、子どもと保護者たちを、あなたの園の虜にするようなストーリー展開を考えてみてください。

第2章 幼稚園マーケティングの基礎

過去を分析して未来を予想する

　顧客ターゲティング（どんな家族に入園してほしいのか？）とエリアターゲティング（自園周辺のどのエリアに力を集中するべきか？）の2つの視点を明確にすることで、取り組むべき活動がより具体的になります。

　保護者の心理状態を考えながら、「欲しい情報、欲しい体験、欲しい魅力を最適なタイミングで提供する」ことで「この園に入園させたい！」と思ってもらえるようなストーリーをつくることが、募集活動を効果的に進めるための基本となります。さて次は、数値的な視点からの、もう少し具体的な募集準備ノウハウをお伝えします。

■募集数値シミュレーション～目標設定は具体的に～

　「過去を分析して、未来を予想する」。マーケティングの重要な概念でもあります。みなさんは、年度がはじまる際に、今年度の園児募集の目標数値設定を明確にしていますか？
園児募集は、前年度や過去の募集結果の反省と分析を踏まえた上で、次年度の募集数値や目標を明確にすることが重要で

PDCAサイクル

さて、どうするかな。	よし！やってみよう！！
PLAN	**DO**
ACTION	**CHECK**
そうだ、こうしよう！！	うまくいかなかったのは………。 良かった点は………。

PLAN—計画（現状を知り、目標を決める）

DO—実行（実際に計画を行う）

CHECK—検証（成功・失敗要因を掘り下げる）

ACTION—改善（改革・改善の実行）

す。その反省も、成功要因、失敗要因を深く掘り下げて、次年度に改革・改善すべき具体的なアクションプランにまで落とし込むことが必要です。これらの一連の流れをPDCAサイクルといいます。PLAN（計画）→DO（実行）→CHECK（検証）→ACTION（改善）……継続的改善による継続的進化の流れです（前ページ図参照）。

「募集数値シミュレーション」では、まず、以下のステップが必要になります。

①新入園児獲得の目標値の明確化
②入園対象となる弟妹人数の把握

①については、当然みなさんの園では明確にされていると思います。次に大切なのが、今年度の入園が見込まれる、在園児と卒園児の弟妹人数の把握です。長年、全国の幼稚園の園児募集をお手伝いしていますが、この弟妹人数の影響によって、毎年の募集人数が大きく変化することがわかっています。

基本的に、在園児および卒園児の弟妹は、その園に入園する確率が高くなります。ですから、その人数の9割程度を今年度の確定入園人数としてシミュレーションをします。年度によって弟妹人数が多い年もあれば、少ない年もあるので、できるだけ正確にこの数値を把握しましょう。

そうすると、「新入園児獲得数の目標値－弟妹確定予想人数＝新規獲得が必要な人数」という公式が成り立ちます。その新規獲得が必要な人数を、未就園児とのいろいろなアプローチを通じて、確保する必要があるのです。そして「新規未就園児アプローチ数×入園率＝新規獲得が必要な人数」という公式も成立します。

公式①

新入園児獲得数の目標値 － 弟妹確定予想人数 ＝ 新規獲得が必要な人数

公式②

新規未就園児アプローチ数 × 入園率 ＝ 新規獲得が必要な人数

■入園アプローチ分析～効果的な入園パターンを見つけよう～

　さて、上記の公式の意味はおわかりいただけたと思います。そうすると次のステップでは、みなさんの園にどのようなアプローチパターンで未就園児が入園してきているかを分析することが重要です。

入園アプローチ分析の例

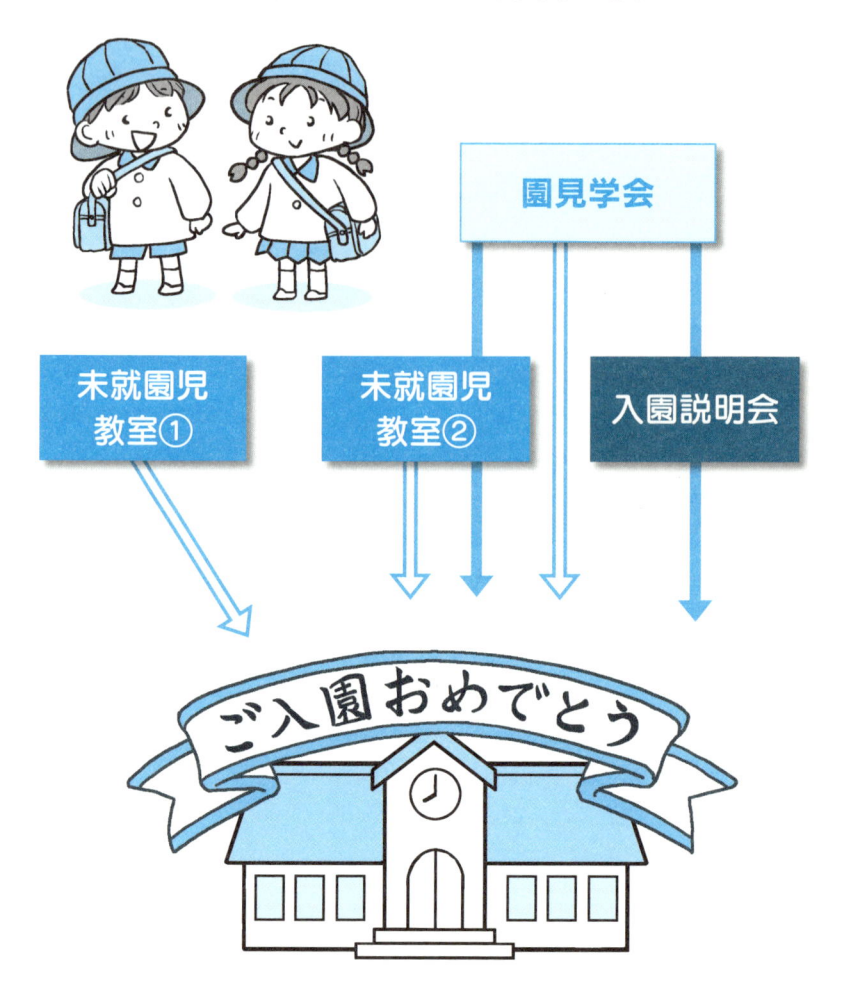

　このように、それぞれの園児によって様々なパターンがあるはずです。この流れを個々に把握できていますでしょうか？　これを「入園アプローチ分析」といいます。

　入園アプローチのメリットは、どのパターンに力を入れていけばよいのかを明確にすることができる点です。限られた

人員と時間で、募集活動をしなければならない園が多いと思います。あれもこれもとつけ足していくだけでは、現場の先生たちに疲労感が出て、その雰囲気が未就園児やその保護者に伝わって悪循環になってしまうでしょう。だから、1番効果的なパターン（最も入園率が高いパターン）を導き出して、その内容を進化させることが重要なのです。これも絞り込みの発想ですね。マーケティング用語では「選択と集中」といいます。

　この「入園アプローチ分析」をしていく上で、1番重要なのが「名簿管理」となります。未就園児の名簿管理をおろそかにしている園では、この分析はできませんので、まず未就園児の名簿管理方法を検討するところからスタートしてください。最終的にその名簿を見なおすことでアプローチ分析が簡単に行えるようにしていくことが大切です。

　このように、募集準備段階では「募集数値シミュレーション」と「入園アプローチ分析」はセットで実行すると効果的だと思います。私がコンサルタントとしてお手伝いをしている園では、当年度の募集終了後、反省と分析を行った上で、次年度に向けたシミュレーションを必ず行うようにしています。それを踏まえて、対象となる募集エリアに住む未就園児に、どのように園と接点を持ってもらうようにするのか、具体的にプランニングしていくのです。シミュレーションやアプローチ分析が不明確な状態で活動を進めている園の方は、ぜひトライしてみてください。

第2章 幼稚園マーケティングの基礎

9 現状に適した募集エリアの設定

　前年度や過去の募集結果の反省と分析を踏まえた上で、次年度の募集数値や目標を明確にすること。そして、未就園児の自園への入園アプローチパターンを整理して、1番効果的なパターンを導き出し、その内容を進化、強化することで、みなさんの園の募集活動は段階的に進化し続けます。

■**募集強化エリアの見極め方**

　園児募集の目標数値設定を行ったあとは、具体的な募集エリアを毎年見なおす必要があります。限られたリソースの中で効果的な募集活動を展開するためには、自園の現状に適した募集エリアをしっかり設定することが重要です。そのステップは以下の順番で行います。

①新入園児対象マーケットのエリア別人数把握
②エリア評価(募集効果の高いエリア算出)
③自園の在園児シェアの算出

まず自園のまわりの、エリア別・年齢別人口のデータが必要となります。基本的には自園を中心に3km圏内に入るエリアのデータを確保しましょう。エリア別人口データについては、各市町村の役所の人口統計課、もしくは市民課などに問い合わせをしてみてください。○○1丁目の2歳児は30人、△△2丁目は15人……といった具合に、細かく整理できればできるほど望ましいデータになります。

エリア別の年齢別人口の把握ができたら、次にエリア評価を行います。現実には、すべてのエリアに平均的に子どもたちが住んでいるということはあり得ません。平均よりも多く住んでいるエリアもあれば、ほとんど子どもが住んでいないエリアが混在しているのが通常です。

まず大切なのは、平均よりも明らかに対象となる未就園児が多く住んでいるエリアを算出することです。ほとんど子どもがいないエリアでがんばってPRするよりも、子どもがたくさんいるエリアで、PRを強化したほうが効果的だからです。また、対象児人口が多い・少ないという視点と、その対象児人口が、年々増加傾向なのか減少傾向なのかを各エリアで算出することで、より精度の高いエリア評価が可能となり、みなさんの園がある地域を、以下の4つのエリアに分類することができるはずです。

　　A評価エリア……対象人口が多く、かつ年々増加傾向
　　B評価エリア……対象人口は多いが、年々減少傾向

C評価エリア……対象人口は少ないが、年々増加傾向
D評価エリア……対象人口が少なく、かつ年々減少傾向

　基本的にはA→B→C→Dの順番でエリアのポテンシャルが高いと判断します。逆にいえば、Dエリアはいくらがんばっても効果が出にくいエリアだということになります。当たり前のことをお伝えしていますが、この当たり前のことをおろそかにしている園が多いのも事実です。

当然、自園の足元から良い口コミをしっかりと広げることが大前提となりますが、最近では、昔開発された団地の子どもたちの年齢があがって、対象年齢の子どもがほとんどいなくなっていることや、自園の前の道路に頻繁に他園のバスが往来するなどの現象は、全国各地でよく聞きますし、見かけることも多いです。そこで自園の募集エリアを、状況に合わせて少しずつ変化させることも重要なのです。そして最後に、エリア別に自園の在園児シェアの算出を行います。

算出式

$$在園児シェア = \frac{自園に通っている園児数}{エリアに住んでいる対象児全体数}$$

 シェアは自園の人気度を把握する数値や指標と、とらえてもらえばいいと思います。つまりシェアは人気のバロメーターなのです。エリアごとに在園児シェアを算出すると、どこのエリアで自園が人気が高く、どこのエリアで他園に園児をとられているかを把握できます。

 この①～③のステップを踏んだ上で、最終的な募集強化エリアの見極めを行っていくのです。自園の足元商圏（半径1km圏内）は当然強化エリアとなります。このエリアのシェア獲得目標は30％です。半径2km圏では、平均値よりも対象児が多く住んでいて比較的高いシェアをキープしているエリアが強化エリアとなります。また中長期的な展望も視野に入

れると、対象児は多く住んでいるが、シェアがあまりとれていないエリアも強化エリアに含む必要があります。このエリアでは、良い口コミを広げてシェアを少しずつあげていくことが必要であり、2～3年をかけながら継続的なシェアアップを図っていくことを目的とします。これはあくまでも基本的な考え方であり、実際には、自園と他園の立地関係や、そのほかの制約条件などの中で判断していく必要があります。そこで、ある園の事例をご紹介しましょう。

■園児募集成功への取り組み事例～シェア発想の活用～

　関西圏の、ある幼稚園からご依頼を受けたときのお話です。相談内容は、園児数減少に歯止めをかけ、園児数アップにつなげたいということでした。

　その園のまわりは通常よりも競合状況が激しく、自園があるエリアは、子どもが非常に減少しているエリアでした。現状分析をした結果、2つの課題が見えてきました。ひとつめは、未就園児教室や、そのほかの未就園児のためのイベントなどの募集エリアを拡大しすぎていたこと。2つめは、在園児シェアを算出したところ、2km圏において完全に他園にシェアで負けている状態だったことです。

　遠くからたくさんの未就園児がイベントなどに集まってくれても、最終的には自分の住んでいるエリアの近くに入園している園児が多かったということです。名簿上は、約100人

の未就園児と接点がありながらも、30人程度が入園してくれて、残りの70名は他園に入園するといった状態だったのです。

　そこで、課題解決のために取り組んでいただいたことは主に2つ。「プロモーションの内容変更」と「募集エリアの絞り込み」です。未就園児イベントや教室の案内（チラシ）を、広域に高いコストをかけて配布していたのですが、それを廃止しました。案内の中身を活動内容の写真をメインにして、文字を極力減らし、1km～2km圏内の対象の家庭に絞って配布してもらいました。そして、2km圏の強化エリア（対象児が多く住んでいる・自園から比較的近い・競合園から遠いエリア）を選定し、そこには定期的に案内を配布し続けました。そのほかにも、未就園児教室の回数アップと内容の変更、およびアフターフォローの強化などもしていただきました。

　その結果、名簿獲得人数に対する入園率が、30％から70％にアップし、2km圏からの園児獲得数増加にも成功しました。お手伝いに入った当初は、100名を切ろうとしていた状態から、最近では200名をめざすところまで復活することができました。

第2章　幼稚園マーケティングの基礎

10　保護者の心理状態とメッセージの伝え方

　園児募集活動のポイントとして、強化エリアをしっかり見極め、適切な方法で具体的な行動を起こせば、効果的な結果につなげることができます。

■認知度アップから好感度アップへのシフト

　「年間の募集シナリオづくり」について、さらに補足説明を加えて解説していきたいと思います。「年間の募集シナリオ」のポイントは、保護者の心理状態を深く考えること。それを踏まえた上で「欲しい情報、欲しい体験、欲しい魅力を最適のタイミングで提供する」ことが大切であるとお伝えしました。大きくわけると2つのフェーズ（期間）で考えていただければ、少し具体的なイメージが持てると思います。
　まず、第1のフェーズは「認知度アップ」のフェーズとなります。これは、年間の募集活動の前半戦におけるポイントとなります。時期的には、1月〜6月くらいをイメージしてください。この段階で、自園のことをそんなに知らない未就園児と保護者に対して「自園を正しく知ってもらう」ことが

重要となります。

　今の保護者は、いろいろな口コミやインターネットなどを参考にして、情報収集を日々行っています。そのような背景において、残念ながら正しい情報が確実に伝わっていない現実もあるようです。そんな保護者に正しい園の姿をお伝えするには何が重要だと思いますか？　……その答えは、実際に園に来てもらうことです。肌で感じてもらうことが1番です。

　ですから、たくさんの方々にご来園いただくチャンスを増やす取り組みについて、工夫・強化することが重要となります。いわゆる「子育て支援活動」として、未就園児向けの教室、親子向けのイベント、園庭開放など……それも最近の傾向は、より低年齢の子どもたちへのアプローチを強化している園が増えています。2歳児向け、1歳児向け、0歳児向け、マタニティー向けなど。これは至極当然のことで、これからもその傾向は強くなるでしょう。早い段階からの認知活動で、各園の競争が激しくなっているからです。

　どのような取り組みが効果的かは、園の状態や教職員のレベルなどにより、同じ取り組みでも効果的になったり、逆効果になったりするので、公の見解としてお伝えすることは難しいと思います。少なくとも、となりの園がやっているからとか、最新の研修会で聞いてきたからという理由だけで導入するのは、やめたほうがいいでしょう。無理をして取り組んで、活動内容が膨張していたり、目的や意図がわからないま

ま、先生が疲労困憊(こんぱい)で動かされている園をたくさん見てきているからです。それはまさに逆効果で、悪い印象をわざわざ伝える結果になりかねません。

　たくさんの未就園児やその保護者にご来園いただく機会を増やすことに成功した段階、つまり認知活動がうまく機能してきた段階の次は、第2のフェーズ「共感度アップ」の強化フェーズとなります。ここからは、保護者の心理を、「この園を知っている」から「この園はすばらしい」に変化させていく段階となります。

　たくさんの未就園児に来てもらっているから安心……というのは少し危険な判断です。その園をよく知っているから入園するわけではないのです。その園が自分の子どもにとって、もしくは家族にとって、すばらしいと思うから入園させたいのです。そこまですることがなぜ重要かといえば、幼稚園は教育機関だからです。共感性を持った人たちが集まる中でこそ、子どもたちを中心に物事を考える環境が成立すると思います。

　「共感度アップ」の強化フェーズは、年間のシナリオでいえば募集活動の後半戦、7月～11月くらいまでになります。この時期には、園の思いやメッセージを意識的に伝達する取り組みについて、工夫することが重要となります。個別メッセージつきダイレクトメールや、未就園児向けの定期発行物の作成、ブログなどでの園長の思いの発信などが考えられます。ただし、思いが強いあまりに、文章量が多いメッセージ

第2章　幼稚園マーケティングの基礎

になるケースがありますが、がんばったわりには読んでくれないケースがあるので、見せ方や表現方法も工夫したほうがいいですね。

1月 〜 6月　**認知度アップのフェーズ**

・**自園を正しく知ってもらう**

方法　来園してもらえるイベントの開催

未就園児教室、親子イベント、園庭開放など

7月 〜 11月・12月　**共感度アップのフェーズ**

・**園の思いやメッセージを伝える**

方法　情報の発信

ダイレクトメール、定期刊行物、ブログなど

■入園説明会は思いの伝達の集大成

　例外はあるにしても、9月〜10月くらいに入園説明会を開催している園が多いと思います。この活動はまさに、「共感度アップ」の活動となります。その集大成といっても過言ではありません。段階的に保護者の心理が高まってきた状態で、最終決断に導く重要なプロセスとなります。「この園はすばらしいと思うけれど……」から「やっぱりこの園で間違いない‼」に変化させていく最終段階です。

　入園説明会は各園のやり方は様々だと思いますが、個人的におすすめしている基本的な流れがあります。

> ① 　トップ（理事長、園長）の思いや方針の説明
> ② 　①を踏まえた、具体的な活動の紹介（教育内容や各種行事など）
> ③ 　②を踏まえた、子どもの成長の姿の紹介
> ④ 　子どもが成長するために保護者へお願いしたいこと
> ⑤ 　総まとめ

　あくまでも参考ですが、これが基本的な入園説明会の際のプレゼンテーションの流れとなります。時間的には約1時間程度でお考えください。そして、できる限り「母子分離」をすることが重要です。子どもが泣いたり、少しぐずったりする中では、保護者は集中して話を聞くことはできません。集

中して聞くことができる環境を整えることは、とても重要です。

　説明会では、映像（ムービー）などを活用することも推奨しています。今ではかなり多くの園が上手に使っていますね。映像、音楽、メッセージを同時に伝えることができるところが効果的ですし、プレゼンテーションが少し苦手な方の助けにもなりますから、おすすめです。

　「共感度アップ」の集大成が入園説明会ですから、そこでパンフレットに書いているようなことをそのまま解説していたり、資料を読めばわかるようなことを説明していたりするのは時間がもったいないです。しかし、意外とそうしてしまっている園が少なからず存在します。それは「認知度アップ」のフェーズで、すでに済ませておきたいことです。

　ここでの解説は、１年間の募集計画の時間軸でお伝えしていますが、もっとマクロな視点で考えれば、園のマーケティング活動も同様で「認知度アップ」を強化する時期、そして次の段階として「共感度アップ」を強化するという流れを意識して、運営していただきたいと思います。

第2章 幼稚園マーケティングの基礎

11 自園のプロモーションツールについて

　園児募集活動における基本的な考え方と取り組みのポイントについて整理してきました。次は、みなさんが年間の募集活動の中で効果的に活用しなくてはならない、プロモーションツールについて解説したいと思います。

■基本的な考え方

　お問い合わせをいただいてその園にご訪問すると、園長先生によく以下のような質問をされることがあります。「うちの園のパンフレットを見てもらって、どこかなおした方がよいところはありますか？」「うちの園のホームページを見て、何か改善案があればアドバイスを」……などなど。
　もちろん、改善すべきところや修正したほうがよい箇所などをお伝えすることはできます。しかし、そのアドバイスはベストではなく対処療法にすぎないと思うこともしばしばです。すばらしい内容のものもありますが、ほとんどは最初からつくりなおしたほうがよいと思うことが多いですね。その際の基本的な準備として、以下の内容を整理することをアド

バイスさせてもらっています。

①**目的は何か**
　見た人がどんな気持ちになって、どんな行動をしてほしいのか
②**ターゲットの設定**
　誰を対象にしているのか
③**自園の独自固有の長所は何か**
　他園にはない自園の魅力は何か
④**ターゲットに１番伝えたいメッセージは何か**
　プロダクトアウトの視点
⑤**ターゲットが知りたい情報内容は何か**
　マーケットインの視点

前ページでまとめた①〜⑤の項目について、熟考して書き出してみることをおすすめしています。あえて熟考すると書いているのは、ここをおろそかにしている人が多いからです。園のパンフレットやホームページは、多くの園に共通しているプロモーションツールです。ということは、そのツールがあること自体が差別化の要因にはならないということでもあります。だから内容にこだわらないといけないのです。
　あるデザイナーさんから、「幼稚園のパンフレットやホームページを見ていると、なんだかどこも同じように見えてしまいますね……」といわれたことがありますが、これが第三者から見た、正直な意見だと認識するべきでしょう。

■作成のポイント

　「目的」については、このパンフレットやホームページを見た人が、どのような気持ちになり、どのような行動を起こしてほしいかを明確にすることが重要です。そこを明確にすることで、全体の構成やメッセージやデザインなどが大きく変わるからです。ただなんとなく、ほかの園のパンフレットやホームページを参考にするのは、もうやめましょう。

　「ターゲットの設定」は重要です。最近は、パンフレットも２つのターゲットにわけて作成してもらっているところが増えてきました。ひとつは未就園児保護者向け、もうひとつ

は学生向けです。未就園児保護者向けのパンフレットは、ほとんどの園で制作されていますが、学生用とわけて制作している園は、まだ多くないようです。しかし、これからの時代を見据えた優秀なトップは、人材競争の時代を予見して、しっかりした優秀な学生を集めるための施策に、力を入れています。そしてこれからは、動画パンフレットがどんどん出てくると予想しています。簡単にいえば自園のCM制作ですね。

ホームページも同様に、一般的には在園児保護者、未就園児保護者、学生の3つのターゲットに対するメッセージや情報が、わかりやすく掲載されていることが必要です。しかし、目的やターゲットの絞り方の戦略が異なれば、そのようにならないこともあります。そしてホームページでは鮮度感のある情報提供がポイントです。最新ニュースやブログなどのコーナーの更新頻度をアップすることで、閲覧者を増やす効果が期待できるからです。

自園の独自固有の長所、つまり、ほかの園に負けない何かを真剣に考えることが重要です。現時点でそのレベルのものがなければ、強化していきたい分野について真剣に検討しましょう。前述したように、人的魅力、教育的魅力、施設的魅力、そのほかの魅力という4つの視点で考えてみると、整理しやすいと思います（P39参照）。それが整理できたら、ぜひプロモーションツールにしっかり反映させてください。

また、マーケティング用語で伝えると、プロダクトアウトの視点と、マーケットインの視点をバランスよく持つことが重要です。

プロダクトアウトの視点・・・
　私たちは何ができるのか、そして何をしたいのか
マーケットインの視点・・・
　ターゲット（保護者 or 学生）が求めているものは何か

それより
園庭開放情報を
くれ〜〜〜！

おなかいっぱい
もう見たくない

理念

思いサラダ

プロダクトアウトの視点で気をつけたいのは、自分たちの思いを伝えることは大事ですが、主義主張が強烈すぎて、相手のことを配慮しなさ過ぎてはよくないということです。

マーケットインの視点への対応は、よくＱ＆Ａ方式で対応しているところがありますね。また、主義主張を自己発信ではなく、保護者のアンケートなどを活用して、利用者満足度と連動しながら伝達する方法などもおすすめです。

　プロモーションツール作成のサポートをするときに、私がどんな媒体を参考にしているかといえば、ここ最近は「女性誌」です。この業界も成熟マーケットの中で、各媒体がしのぎを削っています。ターゲットの絞り方に応じて、いろいろな紙面構成や見せ方の工夫がされています。つまり、前述した①～⑤のポイントを、しっかり熟考してつくり込まれているのです。そして、自園に子どもたちを送り出す保護者が、定期的に見ている媒体でもあります。
　ポイントを押さえながら、最新の事例を参考にすれば、自園のツールを見なおしたり、改善したりする方向性がもっと明確になるはずです。ぜひトライしてみてください。

■園紹介パンフレットの作成

みなさんの園では、既存の園紹介パンフレットをお持ちだと思います。もちろん在庫数がなくなるのを見越して、新しいパンフレットを作成するようにしているでしょう。その際には、しっかり本腰を入れてつくりなおすことをおすすめします。少なくとも、写真も文章も全く同じものを、そのままつくり足しすることだけは避けるべきでしょう。同じことを繰り返している組織に進化はないですし、トップ自らがそのような悪しきカルチャー（まあいいかカルチャー）を助長してしまっていることに気づくべきです。

尊敬する上司によくいわれていた言葉を思い出します。「既存の方法を疑いなく継続するのは楽である。その安楽を突破する人間を人財という」

復習となりますが、右ページの囲みにまとめた視点で自園のパンフレットを見なおしたときに、どこが明確でどこが不明確なのかをしっかり考えてみてください。

最近では、目的を深堀りして考えれば考えるほど、パンフレットは2つにわけて制作することをおすすめしています。簡単にお伝えすると、「文章重視型パンフレット」と「ビジュアル重視型パンフレット」です。コンサルティングでいろいろな園のサポートをしていると、いつのまにか頭の中にしみついた既成概念が、発想やアイデアの幅を狭めている園が多

> ①**目的は何か**
>   見た人がどんな気持ちになって、どんな行動をしてほしいのか
> ②**ターゲットの設定**
>   誰を対象にしているのか
> ③**自園の独自固有の長所は何か**
>   他園にはない自園の魅力は何か
> ④**ターゲットに１番伝えたいメッセージは何か**
>   プロダクトアウトの視点
> ⑤**ターゲットが知りたい情報内容は何か**
>   マーケットインの視点

いことに気づきます。誰も園紹介を目的としたパンフレットは「ひとつにしなさい！」といっていないのに、ひとつでなんとかしようとしている人が多いですね。

　「文章重視型パンフレット」は、園の考えや思いを伝えることが目的です。園の歴史から教育理念、教育方針、教育目標、主な教育プログラムとそのねらい、自園の魅力（独自固有の長所）、保護者へのお願い……など、これらの内容を思いを込めた文章で表現します。もちろん一言一句にこだわる姿勢が大切ですし、フォントや行間やタイトルなども、読み手の気持ちを考えて、読みやすくわかりやすいものに考え抜いたものを作成しましょう。

　「ビジュアル重視型パンフレット」は、園をよりハイイメー

ジで伝えることが目的です。文章重視型のパンフレットに書いた思いや考え方を裏づけするような、日々の子どもたちの成長シーンや活動シーンなどの写真を中心に掲載して、ページ構成をします。子どもたちや先生たちや保護者が抜群に輝いているシーン、園のこだわりの素材（施設内でのこだわりポイント、子どもたちの製作物など）の写真を掲載して、簡単な解説を加える程度で表現するのがポイントです。

　イメージ通りの写真が、なかなか手に入らないという相談を受けますが、それはプロに撮影の依頼をすることをおすすめしています。先日ある園で私がオーダーしてプロカメラマンに2000枚撮影してもらいましたが、その中でも本当にイメージ通りのものは50枚もありませんでしたからね……。先生がデジカメで撮影した写真には、やはり限界がありますし、その写真ひとつひとつが、園の輝きを表現する最高のものになっていないと、作成する意味がありません。

　パンフレットのサイズはＡ４サイズよりも、もう少し小さいＡ５やＢ５サイズにして、文字も極力少なくすることで、

おしゃれで上質な雰囲気を醸し出すことができます。

　この２つのパンフレットを、なんとかひとつにしようと中途半端にいろいろ詰め込んでいるのが、現状のパンフレットかもなと思った方は、すぐに改善プランを検討しましょう。

■ホームページの作成

　ホームページというプロモーションツールが、ほかのツールに比べて優位性を持っているポイントは何でしょうか？
それは、タイムリーな情報公開性と公開エリアの無限性です。

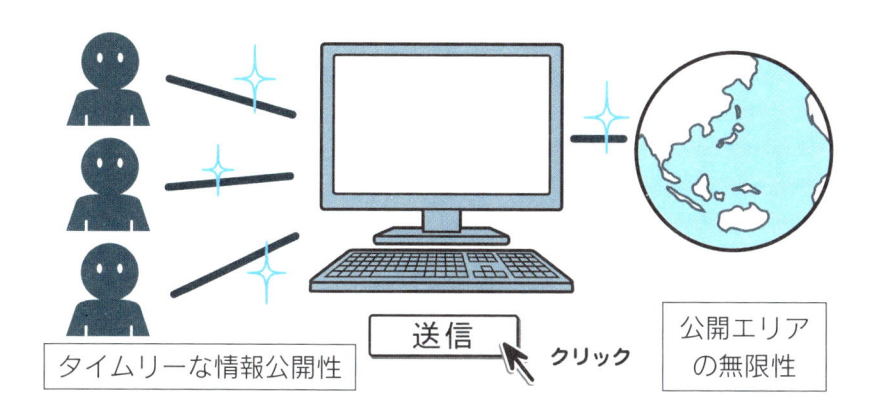

タイムリーな情報公開性　　送信　クリック　公開エリアの無限性

　つまり、伝えたい情報をそのタイミングで伝えられること、そしてその対象となる相手は、無限の広がりがあるということですね。みなさんはその特長を存分に生かしきれているでしょうか……。

　残念ながら生かしきれていない園を見かけることもしばしばです。園児募集に関する情報が数年前のままだったり、活

動している写真の子どもたちは、もうすでに小学6年生になっていたり、あげれば切りがありませんね。鮮度のない情報、まったく役に立たない内容を掲載するのであれば、ないほうがましですね。それこそ、園のふだんの姿勢をあらわしていると思います。

　ホームページについては、戦略に合わせて表現スタイルが大きく変わるので基本的なスタイルの話でお伝えします。まず、ターゲットは大まかにわければ、在園児保護者、未就園児保護者、リクルート活動中の学生の3ターゲットになります。みなさんのホームページは、3つのターゲットそれぞれに"思いやり"のある内容になっていますか？　思いやりがあるとは、その対象となる人にとって、欲しい情報が欲しいタイミングで、わかりやすく掲載されているということです。

　「どんな内容を盛り込めばいいだろう？」「つけ足せばいいだろう？」「省けばいいだろう？」と、ここで頭をひねっている方も多いと思いますが、その答えは、その対象者に聞けばいいのです。在園児の保護者、未就園児の保護者、学生たち（もしくは自園の先生たち）に、素直に質問してみましょう。たくさんのヒントをもらえるはずですよ。既成概念は捨てて、リアルなニーズをとらえることが必要です。

　自園のホームページで、日々の子どもの活動や成長の様子が伝わりますか？　子育て支援活動が、いつのタイミングでどんな方を対象に行われているかわかりますか？　鮮度ある

写真やニュースが掲載(更新)されていますか？　まず当たり前にあるべき情報が、しっかり整理整頓されているか？　そこからトライしてみてください。

　コンサルティングの活動と並行して、デザイン制作会社の運営もしていますが、一緒に仕事をしているデザイナーは、いろいろな業界で活躍している一流の方と組むようにしています。なぜか？　それは規制概念で仕事をしてほしくないからです。そして、幼稚園のプロモーションツールも一目おかれるようなクオリティーにしたいからです。アニメや絵本の人気キャラクターからは、園の思いや教育効果は伝わりませんからね……。そのデザイナーさんたちに、園のパンフレットやホームページをいくつか見てもらうと、ほとんどの方からこんな質問を受けます。「どこも一緒に見えるのは、私だけでしょうか？」。……さあ、あなたの園は、プロモーションツールを通じてどんなオリジナルを伝えていますか？　ほかにはない魅力を伝えていますか？

第2章 幼稚園マーケティングの基礎

12 幼稚園マーケティングの整理

　しばらく「園児募集」とそのための活動についてクローズアップしてきましたが、その集大成として、もう少し大きな視点で全体を整理しておきたいと思います。

■園の役割と未来コンセプトの実現に向けて

> 　子どもたちが、将来すばらしい人財に育っていくための最適な環境を創造し続けること。それこそ、幼稚園が追求する最高の価値であり、役割であると考えるべきではないでしょうか。
> 　私が考える幼稚園の未来コンセプトは「幼稚園から家族園へ」そして「地域の教育総合コミュニティー施設へ」となります。子どもも親も、かかわるすべての人が成長し、そして地域社会に貢献できる幼稚園こそ、本質的ニーズを満たす未来型幼稚園の姿ではないでしょうか。

　この文章は、この本の冒頭で書いた私からみなさんへの

メッセージです。日々お忙しい活動の中で、視点が狭くなってしまうと、目の前のことに対処するのが精いっぱいで、もっと重要なことに目がいかなくなってしまうこともあると思います。しかし、この役割やコンセプトの実現に向けて、日々の活動を積みあげて、成長されていく幼稚園がたくさんあればあるほど、多くの子どもたちが成長し、親も成長し、先生も成長し、そして地域が成長すると思うのです。それは、日本の成長でもあるのです。ちょっと大げさかもしれませんが、その一助になれたらという思いで、私はコンサルタントをさせてもらっています。今一度、この視点に立ち返るためにも振り返ってみました。

「幼稚園から家族園」「地域の教育総合コミュニティー施設」に進化していくためには、子どもたちはもちろんですが、地域のたくさんの方々と自園との接点を増やすことが重要となります。そして、その人たちに以下のような順番で、コミュニケーションを段階的に進める工夫ができていると、園と地域との間に絆が築かれていきます。

注目(Attention) →関心(Interest) →欲求(Desire)
→記憶(Memory) or 確信(Conviction)→行動(Action)

これの頭文字をとって「AIDMA(アイドマ)の法則」もしくは「AIDCA(アイドカ)の法則」といいます。見込み客(幼稚園の場合は見込み入園児ですかね)に、こちらが望む行動を起こしてもらうまでの、心理過程を整理したものです。

AIDMA or AIDCA の法則

1 Attention

そろそろ幼稚園を考えなくちゃ

2 Interest

ようちえん

あっ 園のバスだわ

3 Desire

なかなかいいかも

4 Memory

食育と自然… 英語もか

5 Conviction

思ったとおりいい感じだ

入園説明会

いいわね

6 Action

入園おめでとう

入園式

幼稚園の場合では以下のようになるでしょう。

> ①あなたの園に注目する
> ②あなたの園をもっと知りたいという関心を持つ
> ③あなたの園に入園したい（接点を持ちたい）という欲求を起こす
> ④あなたの園をさらに細かく記憶する（調べる）、そして確信する
> ⑤あなたの園に納得し、喜んで入園する（協力する）

まず、自園に注目してもらうときに何が必要でしょうか？最近は口コミやうわさというものが１番効果的です。例えば、少し高価なレストランの予約をするときやホテルなどの予約をするときに、詳しい友だちに聞いてみたり、インターネットの予約サイトに掲載されている、利用者の口コミ情報などを参考にしたりしていませんか？

購入頻度が低く、かつ高価なものほど、購入者は慎重に吟味をするようになります。それは幼稚園も同様です。一生に１回しか通わないですし、３年間の保育料を考えれば慎重になるはずですから、ママ友やそのほかの情報提供媒体から入園候補園の口コミ情報を集めるのに必死なのです。

次に、口コミを通じて、あなたの園をもっと知りたいと関心を持った人は、園に問い合わせをしたり、ホームページをチェックしたりします。例えば、そこで電話対応がおろそかであったり、印象が悪かったりした時点で、次の欲求へのスイッチが入らず、そこで終了となります。ホームページも同様ですね。

関心をクリアした園は、欲求に対する受け皿を用意する必要があります。それが見学会、未就園児教室やイベント、園庭開放などになるのでしょう。そして家族園や地域の教育総合コミュニティー施設をめざす園は、子ども向けのものだけではなく、学童対応、子育てママ対応、子育てパパ対応、地域の大人、老人向けのプログラムなどを、段階的に力相応でいいので付加していく必要があるのです。欲求を満たす受け皿をつくらなければ、そこで終わってしまいますので……。

そして、園との直接的な接点を持った人たちは、いわゆる園風を感じ取る段階に入ります。そこで重要なのが先生たちの印象ですね。接点を持った人たちの気持ちを、次の段階へ導ける集団づくりをしなければなりません。コミュニケーションレベルの高い先生たちを育成していくのです。あいさつ、立ち居振る舞い、気配りや心配りのレベル、質問に対する回答の内容などなど……。

最初の関心の段階での情報の入れ方と、この段階での情報の入れ方は異なってくるので、園を紹介するツールであるパンフレットやホームページなどの強化、入園説明会の強化などが必要になるわけです。そして、園の情報や中身をいろいろ調べて、感じて、確信にいたる段階まで進んできたファミリーが今、みなさんの園の在園児となっているのです。

この一連の流れの中のどこで、自園は他園よりも優れているか、その逆に劣っているのかを、整理してみたらいかがでしょうか。

しかし、前提条件として注目されていないと何もスタートしないということでもあります。地域の中で、自園が良い口コミを広めていることができているのかどうか……みなさんの園はどうでしょう？

良い口コミを創造するためには、組織全体のレベルアップが不可欠となります。前述しましたが、小手先の募集テクニックが通用しにくくなっている今、良い口コミを創造するベースづくりから園改革を進めなければならないのです。

がんばってマーケティングを勉強して、いろいろな取り組みはしているけれど結果が出ない園は、そこを見落としているのです。組織内のレベルアップのためには、幼稚園マネジメントのノウハウを学ばなければなりません。マーケティングとマネジメントが両立してこそ、めざす結果がついてくるのです。そして、組織の力がアップすれば、未来型幼稚園に進む準備が整った園となれます。次章は、その内容を具体的にお伝えしていきます。

幼稚園マーケティング
＋
幼稚園マネジメント
↓
未来型幼稚園・夢の実現

第3章

幼稚園マネジメントの基礎

第3章 幼稚園マネジメントの基礎

13

園の根っこを強く育てる

　お化粧は上手にできても、基礎となる肌がぼろぼろな人は、そのお化粧にお金と時間ばかり費やす……。見ばえはきれいに見えるけれども、その見ばえをキープするために、多くのお金と時間を失っていく……。そして、それを繰り返す日々となる。本当にこれでいいのだろうか？　と問いかける自分が、ずいぶん疲労困憊していることに気づく。

　例えばの話ですが、みなさんの園はこんな状態になっていませんか？

■幼稚園マネジメントの重要性

「きれい」という言葉と「美しい」という言葉、どう違うのでしょうか？　私が思っているのは、「きれい」は形や見た目を伝える言葉であり、「美しい」は、それに内面や中身がともなったときに使われる言葉だと解釈しています。

前述しましたが、保護者へのアンケート結果からもわかるように、園の評判はハードでは決まらずソフトで決まります（P35参照）。拡大解釈すれば、ハードは形や見た目であり、ソフトは園の内面や中身ですね。つまり、きれいではあるが、美しくない幼稚園では、良い口コミや評判が、地域に広がっていかないということです。形や見た目などのハード面は、お金をかければある程度の見ばえはキープできますが、それだけで満足している園は、大変危険です。お化粧だけ上手では、すぐに化けの皮をはがされてしまいます。

１番評判を下げる可能性が高い園は「施設は一流だけど、中身は三流だな……」と思われている園ですね。「施設は新しくないけれど、中身は間違いない！」といわれる園づくりをするべきです。では、中身とは何のことをしめすのでしょうか？　中身とはソフト、明確な形で見えないもの、だけどなんとなく感じ取れるもの……。簡単にいえば、私が伝えている"園風（えんふう）"です。たくさんの要素が絡み合い、熟成されながら、段階的に園風や組織内カルチャーはつくりあげら

れていきます。では園風をつくり出している要素は何か？

> ①園の理念やビジョン
> ②園の教育方針や教育目標
> ③教育内容や教育プログラム
> ④上記を実現するための教職員の行動指針

　上記の①〜④が、園の根っこを育てていく上で大変重要な要素となります。私がコンサルティング現場で行っている実際の質問形式にしてみると……。

・何のために、この園を運営しているのですか？
・そしてどんな教育方針に基づいて、どのような子どもを育てることを大切にしているのですか？
・そのような子どもに育てるために、どんな方法で育てているのですか？
・それらを実現するためには、どんな先生たちが必要で、どんなことを求めていきたいですか？

まずは、この質問にしっかり答えられるか、そうでないかが大きなわかれ道です。

しかし勘違いしてほしくないのは、この質問に答えられることが、すばらしいのではないということです。理念や方針が組織内に浸透していて、現場第一線で働く先生たちが、誰が見てもその体現者になっている園こそが、すばらしい園であり、美しい園なのです。そのような園であれば、マーケティング活動を具体的に展開する際にも、効果的に進めていけるベースができあがっているといえます。このような状態に向けて段階的に進化しながら、園の根っこを強く育てる活動こそ、幼稚園のマネジメントなのです。

最近では園児募集サポートよりも、このような視点から園のベースをしっかり育てるコンサルティング依頼が増えています。これも時代のニーズなのだと思いますね。小手先だけで疲労困憊するならば、やはり根っこからしっかりつくりあげたいというトップが多くなってきているのは、長期的には正しい判断だと思います。

■成功するトップの特長～組織はトップで99％決まる～

組織はトップで99％決まる！　この言葉はコンサルティング現場での経験年数が増えるほど、そのとおりだと強く感じます。日本各地のいろいろな園長先生とおつき合いさせても

らっている環境から、成功されている園長先生の特長を下の図のように整理してみました。

　細かくあげれば切りがないですが、おおまかに整理するとこのような特長が共通しているようです。私が前職でお世話になった船井幸雄先生が提唱している、成功の3条件である「素直」「プラス発想」「勉強好き」というのは本当に当てはまっ

■ ■ **成功するトップの特長** ■ ■

①人並み以上の情熱や熱い教育理念を持っている（本気で語ることができる）

②素直に人の考えや意見を聞き入れる姿勢を持っている（受容できる）

③物事を前向きにとらえるクセづけができている（プラス発想）

④常にアンテナを張って、情報収集能力が高い（好奇心旺盛、勉強好き）

⑤常に危機感を持ち、現状に満足せず、さらに向上しようと努めている

ていると思いますね。

　つきつめて考えれば、園の風土を醸成しているのはトップそのものである、といっても過言ではないと思います。自分を映す鏡のようなものなのでしょうか。園のマネジメントの原点は、トップ自らが自分を見つめなおすところからスタートですね。

⑥自園の教職員やスタッフを大切にして、感謝の気持ちが強い

⑦言行一致、率先垂範（あらゆる人の手本やモデルとなっている）

⑧スピーディーな決断力と実行力を、両方兼ね備えている

⑨プレゼンテーション能力が高い（相手に自分の思いを伝えるスキルが高い）

⑩教職員とのコミュニケーションを上手にとっている（適切な距離感の維持）

第3章 幼稚園マネジメントの基礎

14 リーダーシップマネジメント

■園の理想実現に向けて～理想を明確に定義する～

> あなたの幼稚園の理想の姿は、どんな姿でしょうか？
> 5年後にどんな幼稚園になっていたいかを具体的に
> イメージして教えてください

　この質問に即座に明確に回答できる園長先生は、どのくらいいらっしゃるでしょうか。なかなか明確な回答ができない方が多いかもしれませんね。コンサルティング現場での経験

則から判断すると、ほとんど明確に回答できないのが一般的です。なので回答できずに「まずい……」と思った方はご安心を。しかし、この実態こそが大きな問題なのです。

　何のために（目的）、何をめざすのか（目標）が、明確でない人や組織は、なんとなく、何気なく行動したり、時間を使ったりしていることが多くなってしまいます。そのような人や組織は、毎日どこに向かって進んでいるのかが不明確で、非効率な状態になっているのです。その不明確で非効率な園の毎日を、明確で効率的な毎日にするのがトップの大きな役割となります。

　そのためにはどうすればいいのか？　まず、先ほどの質問に対する明確な回答を、じっくり考えるところからスタートしましょう。日々の忙しさの中で後まわしになってしまうのもわかりますが、何よりも優先して考えるべきです。なぜならば、本来日々の活動はその理想に向けて成立していなければ、おかしいからです。ですから、忙しいために考える時間がないというのは、本末転倒なのです。

　つまり「理想を定義」することからしか、理想の園づくりはスタートしないのです。理想を定義して明確にしない人や組織は、自分のまわりの環境や感情に流され、振りまわされる日々を過ごすことになるでしょう。すばらしい業績を残したり、一流といわれたりしている人や組織は、自分たちの理想やゴールから逆算して、１日の時間の使い方が明確に決

まっているという特長があります。

故に、理想の定義こそがトップにとっての重要で優先順位の高い仕事となります。その理想を一緒に実現したいと思う共感者やファンを集め、それぞれの力を結集して、一歩ずつ理想に近づいていくための先導役の立場こそ、トップの立場だと考えるべきでしょう。

■影響力こそ最大のリーダーシップ

園の理想を掲げても、それを1人で実現することは困難です。先導役だけではなく、ゴールを一緒にめざす共感者と協力者が必要です。現場の先生たち、事務職員、バスの運転手などのスタッフがいるからこそ、園が運営できるという当たり前のことに感謝することが大切でしょう。

人と人が感謝でつながっている組織は、互いが協力関係なので1+1が2以上のパワーになります。ここで大切になるのは、理想となる姿を組織全体で共有することです。そして、なるべく多くの共感者と協力者の力を集めるということです。その際に、全教職員やスタッフの前で、理念やビジョンを含めた理想の園づくりへのプレゼンテーションをしなければ、文章化してそれを配布しなければ……なんて考えている方がいるかもしれません。それは間違いではありませんし、ぜひ取り組んでほしいと思っています。しかしその前に、リーダーシップの前提条件についてお伝えしたいと思います。

同じ内容の話をしているのに、人によって聞いている相手の感情や受け入れ度に差はあるものです。それはなぜでしょうか？　人間は、信頼している人や尊敬している人からの話は、忠実に聞いて実行しようと思いますが、信頼できない、尊敬できない人がいくらすばらしい話をしても、聞く耳を持たず、聞いているふりをしているケースが多いものです。

　つまり何をいいたいかというと、聞き手にとっては、何を話すかよりも、誰が何を話すかが重要だということです。
　私は、リーダーシップの前提条件として、まわりに対する"影響力"のある状態が必要だとお伝えしています。影響力こそリーダーシップなのです。あなたが、まわりの教職員やスタッフに、影響力のある状態を築けているか、そうでないかで、何かを話したりメッセージを送ったりする際の、共感度や受容度が大きく異なるという事実を、しっかり受け止めなければいけません。では、影響力がある状態とは、どんな状態のことでしょうか？

リーダーシップの5つの因子

①　厳しい

仕事への妥協しないスタンスという意味です。理想の実現に向けて妥協しない姿勢を感じ取れるかということです。

②　すごい

知識や技術などの圧倒的な差を感じたときに思う感情です。

③　すてき

おしゃれ、容姿、品格などの、ビジュアル面から感じ取ることもあります。しかし、もっと重要なのは、相手に対するポジティブな評価をしてくれる人には、ほとんどの人がすてきだと感じ取ります。簡単にいえば、ほめ上手であるかないかということでしょう。

第3章 幼稚園マネジメントの基礎

❹・・・ ありがたい

いつも気にかけてくれる、自分の時間を割いてまで、相手のために協力しようとする姿勢から感じ取るものです。

❺・・・ 愛らしい

厳しい中にもおちゃめな部分があるとか、ユーモアがあるといったところから感じ取ります。

　このように、リーダーシップスタイルを築くための5つの因子を整理します。まわりの教職員から、あなたはどのように思われているのかを考えて、当てはめてみてください。これらの5つのすべてを満たしている状態であれば、確実にあなたはその相手に対する"影響力"がある状態だといえます。自己チェックして、リーダーシップの前提条件である影響力のある状態を築いていってください。

■信頼度の高いリーダーになるために

　影響力を持つためにお伝えした5つの因子を意識しながら、行動や言動を継続する中で、組織や教職員に対するあなたの影響力は、確実に高まっていくはずです。逆にコンサルティングをしていると、意識はしているけれども行動や言動がともなっていないケースも多く見受けられます。それに関しては、現場の先生たちはシビアに感じ取っているものです。先生方にヒアリングをするケースがあるのですが、そこで次のような質問をすることがあります。

> 園長先生は、どんな方だと思いますか？
> 私はまだわからないので教えてください

　ここでどのような回答が返ってくるか……。

　良いも悪いも、実に様々な表現で答えが返ってきます。実は、その内容を聞きながら、トップの影響力やリーダーシップなどについてチェックさせていただいているのです。

第3章　幼稚園マネジメントの基礎

> 本当に尊敬できる人生の大先輩です！

> 良い人だとは思うのですがたまに納得できない言動がちらほらと……

　それと同時に、もうひとつ重要なチェック要素は"信頼度"です。リーダーシップで大切なのは、影響力と信頼度なのです。この２つの要素を兼ね備えている方は、組織を良い方向に導くベースがしっかりしている状態となります。ベースがしっかりしていない状態なのに、"こうしてほしい、ああしてほしい"と自分の要望を伝えても、なかなか効果的に機能しないというのが現実なのです。

　では、信頼度を築くためのポイントは何なのか？　もちろんいろいろなものが起因しているとは思いますが、簡単に整理すると次の３つになるでしょう。

信頼を築くポイント

① 率先垂範

あらゴミが

自発的に、先導的に、見本になるような行動を取っているかということ。

② 言行一致（有言実行）

今月は園の美化につとめましょう

読んで字のごとく、いっていることと行動のブレが少ないということ。そして行動と言動に一貫性があるということ。

③ 約束厳守

説明の必要もいらないでしょう。つまり口先だけでは信頼されないということです。

そしてもうひとつ解説をつけ加えると、自分でも大切にしている言葉なのですが
　「信頼とは、自分を変えることによって、相手を変えることにほかならない」
　「人は罰によって、行動するふりをし、信頼によって自ら行動する」
　そのとおりだと思っています。みなさんのリーダーシップは、行動するふりをする組織づくりに向かっていますか、それとも、自ら行動する組織づくりに向かっていますか？

第3章 幼稚園マネジメントの基礎

15 感動と共感をつくり出す　　　　経営方針発表会

　あなたの園には、理想となる姿を組織全体で共有する機会や場面がありますか？　自分たちがめざしている姿を、働いている教職員・スタッフは具体的にイメージできているでしょうか？

　継続的に成長している企業や組織は、理念・ビジョンに基づいて、自分たちが"何を守るべきか"を決め、そこに決して妥協しないカルチャーを持っているケースがほとんどです。これは「氷山理論」の解説（P22参照）でも同じような話をしました。

　私たちは、何のために成長する必要があるのか？　その目的を全員が共有できている組織は、成長スピードが速いのです。しかし、各人の価値観や育った環境が多様化している昨今、これを実現することは難しくなってきています。だからこそ、そこをめざすことに価値があり、ほかの組織との大きな差別化要因になるのです。ほうっておいても組織全体がまとまるはずがありません。……ではどんな取り組みをしていけばよいのでしょうか？

最近は、「経営方針発表会」という場をつくって、それを実現しようとしている園が多くなってきました。そこで講演や研修をさせていただく機会も増えています。

会のネーミングは各園それぞれでかまわないと思います。それよりも重要なのは中身です。年度はじめか年度末が開催タイミングとしてはベストですが、なるべく園にかかわる全員が参加して、開催することが望ましいです。先生はもちろんのこと、パートの方、バスの運転手さん、そのほか事務スタッフのみなさんも全員参加です。そして、ふだんの服装ではなく正装をして、少しおしゃれなホテルなどを会場にしている園もあります。それは、この場で組織全体の一体感を醸成する目的もあるからです。いつもの会議や打ち合わせの延長の雰囲気ではなく、特別な日であるという雰囲気を醸し出すことがポイントですね。

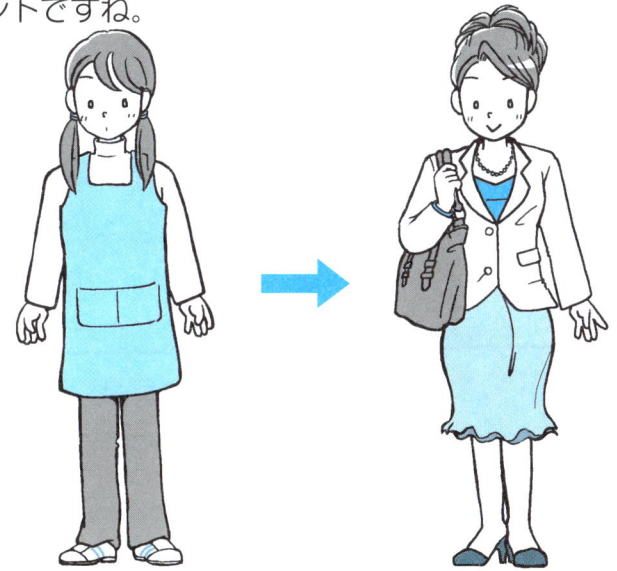

このようなアイデアひとつにも、トップの持つ演出力がよくあらわれています。
　そして、開催する上での最終的なキーポイントになるのは「感動と共感」です。経営方針発表会が終了したときに、組織全体に感動と共感が充満していれば成功です。なぜならば、「人は誰でも感動することで変わる。人を変えたければ、その人を感動させればいい」「共感したものは、上の人間が見ていようがいまいが、本気になって行動する」からです。

■基本的価値観の整理とハンドブック作成

　自園が理想とする姿を、組織全体で共有する機会「経営方針発表会」。その場を感動と共感をつくり出す場にまで仕立てるには、事前の準備が重要となります。
　まず開催日程についてですが、3月下旬～4月上旬に行うことをおすすめします。なぜならば、前年度の全体および個人の反省を踏まえた上で、次年度のビジョンを共有する場でもあるからです。そしてより大切なことは、このような場を1年に最低でも1回は設けて、それを毎年継続していくことです。そうするためにも、自園が大切にしたい、そして全体で維持継続していきたい基本的な価値観を整理して、わかりやすく伝える準備をしなければなりません。その基本的な価値観を因数分解して項目化したものがあります。代表的な項目は次のようになります。

> ①園の理念・ビジョン
>   この園は何のために存在し、何を実現していくのか
> ②園の教育方針・目標
>   そのためにどんな方針で、どのような子どもを育てたいのか
> ③教育内容や教育プログラム
>   そのための最適な方法は何か
> ④教職員の行動指針
>   これらを実現するために私たちはどうあるべきか

　私のお手伝いしている園では、これらの価値観をまとめた本や小冊子の作成をしてもらっています。それを「理念ハンドブック」「カルチャーブック」などとよんでいます。これはもちろん「経営方針発表会」のためだけに作成するものではなく、日々の理念・ビジョン浸透ツールとして活用するためのものです。それを全員に配布して個人管理してもらいます。一般企業などで有名なモデル事例でいえば、リッツカールトンホテルの「クレド」がありますね。

作成スタイルは園によっても差異がありますが、基本的にはプロジェクトチームを編成して、半年から１年程度をかけて作成しています。園長はもちろんのこと、後継者や経営幹部、現場のリーダークラスなどがメインとなり、チームを編成するのが望ましいでしょう。

　まず最初に園が整理したい項目を抽出し、それを目次化して文章作成を行います。それをベースにチームディスカッションしながら、内容を精査していくのです。実はこのプロセスこそが重要な役割を果たします。日々忙しい中で、園のベースとなる価値観を共有する時間は、なかなかとれないと思いますが、その時間をこの作成プロセスを通じてつくり出すことができるからです。プロジェクト会議の日程をスケジュール化して、段階的に進めていく中で、園のめざすべき理想への道標を整理していくのです。そして最終的に小冊子化して、園全体で共有できるようにします。

■プレゼンテーションの質が決めて

　当日は、この小冊子に書いてある基本的な価値観についての理事長および園長のプレゼンテーションがメインになります。そのプレゼンテーションの準備次第で、感動レベルや共感レベルに差異が生じるのはいうまでもないことです。そして、この場はトップの本気度が試される場でもあります。現場の先生たちやスタッフの方々は、その感度が敏感です。で

すから、1年のスタートをする上で大変重要な1日と考えて準備する必要があります。

　感動と共感をつくり出すためのポイントを簡単にお伝えすると、「言葉で語らず、思いで語る」ということです。1番やってはいけないことは、準備してきたメモをそのまま棒読みしたり、若い先生たちには難しい言葉を並べて、長時間話したりすることです。決して自己満足であってはいけませんし、「伝えたこと」が「伝わったこと」であると、自分にとって都合の良い勘違いをしないことが重要です。トップとしての影響力を高めていく上で、プレゼンテーション能力（人に思いを伝える能力）を鍛えることは、必須条件といっても過言ではないと思います。

　最近、私のおつき合いしている若手の園長先生の中には、プレゼンテーションにパワーポイントなどを駆使して、ビジュアル的にもわかりやすく解説する方が多くなってきています。別にパワーポイントを活用することがベストであると

いっているわけではありません。大切なのは、自分の思いや園全体で共有する価値観を伝えることに、本気で取り組むトップの姿勢が問われているということです。そのために最大限の準備や工夫をすることが、感動と共感をつくり出す大前提になるのです。

　トップのプレゼンテーションが終了したあとには、その内容をベースに、各チーム単位（年少、年中、年長、そのほかのスタッフ部門）でのディスカッションや、個人ワークを実施します。今年度のチームもしくは個人の方針と目標を整理して、各チームリーダーや各人に発表してもらう時間を設けます。全体でチームや個人の目標を共有することが重要だからです。そしてインプットとアウトプットをなるべく即座に行うことが重要なのです。これをするかしないかで、新年度のスタートにおける園全体の一体感は、まったく違うものになります。個人的には１泊２日で取り組んでもよいくらいの内容だと認識しています。

　感動と共感をつくり出すちょっとした工夫としては、園長先生自らが、昨年度の感謝と新年度への期待を込めた手紙を書いて各先生方に手渡したり、新年度からの新任の先生には内緒で、その先生のご両親に手紙を書いてもらい、それをみんなの前で第三者が読んであげたり、終了後には全員で会食やパーティーで盛りあがったり……と、いろいろ考えればアイデアはたくさん出てくるはずですね。ただ開催すればよい

のではなく、やるからには細かい演出にまでこだわらなければ意味がありません。そして、帰宅する先生方の心に「この園はやっぱりすばらしい園だと思う。だからこの園でがんばれば、自分ももっと成長できると思う！」……という気持ちが生まれていれば「経営方針発表会」の目的が達成されたということになります。

　さて、みなさんの園では、このような感動と共有の場から新年度がスタートできているでしょうか。もうすでにできているところと、できていないところでは長期的に見て大きな差がついていくことになるでしょう。

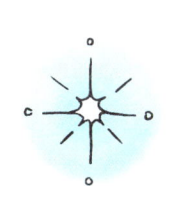

第3章　幼稚園マネジメントの基礎

16　トップのバランス感覚と成長する組織づくり

　園の理想の姿や、進むべき方向性をみんなで共有することは基盤を安定させる効果があります。しかし、時代の流れがスピーディーで、あらゆることがめまぐるしく変化する中では、自園の進むべき方向を決めていくことが難しいと実感されている園長先生も多いでしょう。

■成功のためのバランスマトリックス

　「こども園」の動きや政治の動きがどうなるか不安定な昨今、自園の今後の展開方法について、頭を悩ませている園長先生からのご相談が増えています。トップとは孤独であり、あらゆる事柄の最終判断をし、かつそのすべてに責任を負うわけですから、その重責は大変なものでしょう。そして、長い歴史を持つ自園を継承していかなければならないプレッシャーを、常に背負っているのも事実ですね。
　ですから、短期的にも長期的にもできるだけ正しい判断をして、組織を良い方向に導いていきたいと誰もが思っているはずです。では、どうしたら正しい判断をすることができる

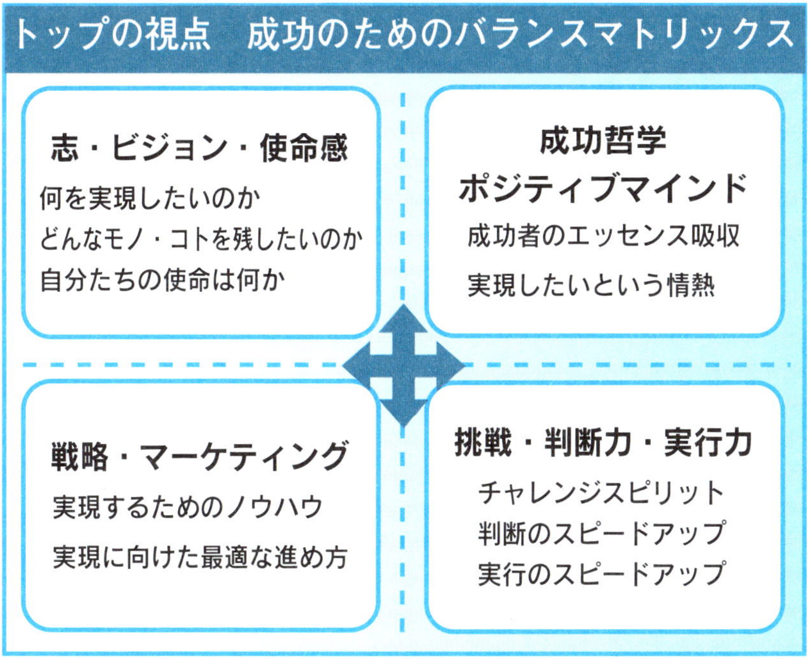

トップの視点　成功のためのバランスマトリックス

志・ビジョン・使命感
何を実現したいのか
どんなモノ・コトを残したいのか
自分たちの使命は何か

**成功哲学
ポジティブマインド**
成功者のエッセンス吸収
実現したいという情熱

戦略・マーケティング
実現するためのノウハウ
実現に向けた最適な進め方

挑戦・判断力・実行力
チャレンジスピリット
判断のスピードアップ
実行のスピードアップ

のでしょうか？

　私が数年前から提唱しているものに「成功のためのバランスマトリックス」という概念があります（上図）。これは、トップとして重視される4つの視点を抽出したものであり、これらのバランスが取れている方が、成功しているという概念になります。

　まずは、【志・ビジョン・使命感】の視点です。繰り返しお伝えしてきていることですが、自園として何を大切にして、何を実現したいのか？　その思いをベースにした強い使命感を持って、今の園を導いているか？　ということです。

　次は、【成功哲学・ポジティブマインド】の視点です。幼

稚園の世界だけではなく、歴史上の人物や他業種などで成功をおさめている人たちに共通するエッセンスを吸収しようと努めているか？　そして、成し遂げたい夢や理想に対する情熱や、あきらめない姿勢を持っているか？　ということです。

　そして、【戦略・マーケティング】の視点です。夢や理想に対する志が高くても、ほかの人より情熱があっても、それを実現するための効果的な進め方やノウハウを学ばなければならないということです。思いが強いだけでは夢は実現できないということでしょう。

　最後は、【挑戦・判断力・実行力】の視点です。時代の流れを察知しながら、新しいことにチャレンジする姿勢。それを判断して実行に移すスピードの重要性です。

　これらの４つの視点をバランスよく持ち合わせている方であれば、ほとんどその場に応じた正しい判断ができると考えています。この４つの視点の中で、どれが強みでどれが弱みかを検討して、ご自身のバランス調整をすることが重要です。つまり、トップにとって大切なこと、それはバランス感覚なのです。

■組織構造の基本を理解する〜４つのじんざいと２：６：２の法則〜

　時流適応しながら、正しい方向に組織を導き、段階的に進化していく……。それはまさに園で働く先生方の成長と比例していくといっても過言ではないでしょう。園の成長は、そ

第3章 幼稚園マネジメントの基礎

4つのじんざい

| 人罪 | 存在自体が周囲に悪影響を及ぼす、いると困るレベル | 人在 | ただそこに存在しているだけでプラスでもマイナスでもない |

| 人材 | いわれたことは確実にこなすことができる | 人財 | 能力が発揮できる環境を自ら求め、周囲に良い影響を与える |

こで働く先生・スタッフの成長であり、それをプロデュースするのがトップの重要な仕事になります。その結果として、子どもたちが成長し、園の理念やビジョンが実現されていくからです。

　一般的には、「じんざい」＝「人材」と書きますが……。前ページの図でしめしたような当て字で考えれば、園が継続的に進化していくために必要なのは「人財」にほかなりません。「それならば、全員が人財になるようにがんばろう！」と思うのはすばらしい意気込みです。しかし、実際には先ほどの「4つのじんざい」がしめすように、組織内には「2：6：2の法則」というものが存在しているのも事実です。

　トップが求めるような高い意識を持ち、スキルも高い優秀な層が2割。そこまではいたらないが、今後の成長は期待できる層が6割。残念ながら、組織が進みたい方向に対して逆を向きながら、ブレーキをかけている層が2割。……というのが一般的に多く見られる組織構造です。思い当たる方が多いのではないでしょうか？

　つまりロボットではない限り、組織内の人間がすべて同じポテンシャルや意識を持っているわけではないので、どうしても組織内には、人材クオリティーの幅が存在しているのです。そこで、考えていかなければならないのは、人材クオリティーの幅全体を、段階的にレベルアップしていくことです。

　それは6割の層を上位2割の層に引きあげていくことと、

第3章 幼稚園マネジメントの基礎

２割のブレーキをかけている層を減らしていくことにほかなりません。極端なことをいえば、２割のブレーキをかけている層には、辞めてもらうことも厭(いと)わないということです。そして上位２割の中から、トップの右腕となる真のリーダーを育てるということも、長期的には重要な要素になります。

　例えば、後継者の方へ世代交代をしたタイミングで、その後継者が本気で改革をせまった結果、多くの先生方が辞めていったというエピソードを、よくお聞きすることがあります。しかしそのような園は、数年後にすばらしく一体化した園として、人気園になっているケースが多いのも事実なのです。

第3章 幼稚園マネジメントの基礎

17 人材育成プロセスマネジメント

■人財が育つ組織の共通パターン

　私が20代のころ、あらゆる業種のコンサルティングをしていたときに、ある大きなプロジェクトの一員として活動した経験があります。それは、世界展開している自動車メーカーのプロジェクトでした。簡単に概要をお伝えすると、日本はもちろんのこと、アメリカ、ヨーロッパ、アジアなど世界中の販売店（カーディーラー）の中で、業績が良く、貢献度が高い店舗を数十店舗ピックアップします。そして、なぜその店舗が業績優秀なのか、どのような取り組みをしているのかなどを分析し、我々が成功のエッセンスをまとめあげるというプロジェクトです。その後にそのエッセンスを水平展開させて、日本を中心に全体の販売店業績を向上させようとする大がかりなものでした。

　前述した「成功のトライアングル」の概念（P13参照）も、このプロジェクトがきっかけで私が整理したもので、業績優秀な成功店舗のトップが、ほとんど共通して持っていた考え方だったのです。

そして"人を育てる体制づくり"にクローズアップして共通パターンを整理すると、成功店舗は以下の4つのプロセスを重視して、整備していることが判明しました。

> ①採用システム
>   求める人材の明確化と自社の考え方に共感できる人材の採用
> ②教育システム
>   成長シナリオに基づいた研修・研鑽(さん)機会の提供
> ③評価システム
>   評価軸の明確化とほめる仕組みの連動
> ④コミュニケーションシステム
>   帰属意識や一体感が生まれるカルチャー醸成

この①〜④は、すべてがある一定のレベルで整備され、同時に成立している、そして連動しているということが、業績優秀店舗の共通パターンとして整理されました。

もちろん私は、幼稚園にも完璧に当てはまることだと考えています。簡単にまとめると、人財が育つ園づくりを進めるためには、自園の風土に合い、成長意欲の高い先生を採用することが大前提となります。

しかし、求める先生を採用できたとしても、成長を導く研修・研鑽機会を与えてあげられなければ、そこでストップで

す。かつどのような取り組み姿勢や行動が評価される組織であるかを明確にして、正当で納得性の高い評価がなければ、そこでストップです。そして、各人の園への帰属意識や一体感、感謝する心を醸成するようなカルチャーがなければ、優秀な人がどんどん辞めていく組織になるということです。

　つまり、これはすべてセットであり、一連のプロセスとして考える必要があるのです。どれかひとつが、あるとかないとかという視点でとらえるものではありません。すべてが、ある一定レベル以上で整備されている組織の中で、段階的に優秀な人財が育成されていくという事実が、成功モデルから整理されたのです。みなさんが、これから何を強化しなければならないかのヒントにしていただきたいと思います。

■成長促進しやすい人材の特長～人財になる人材を見極める～

　人によって、持っている潜在能力や成長できる可能性の領域は様々です。もちろん、組織のトップであればあるほど、ポテンシャルの高い人材を採用したいと思っているはずです。そこで、自園を将来的に支えていけるような人財に育つ人の特長を整理してみたいと思います。

　右ページ図は私が以前からお伝えしている内容で、「成功の3条件」というものです。前職の会社で共有化されていた概念なのですが、いろいろな人と会えば会うほど実感するエッセンスですね。この3条件をすべて兼ね備えた人は成功、

第3章　幼稚園マネジメントの基礎

成功の3条件

素直……………… すべてを受容できる

プラス発想……………… 前向きな未来志向

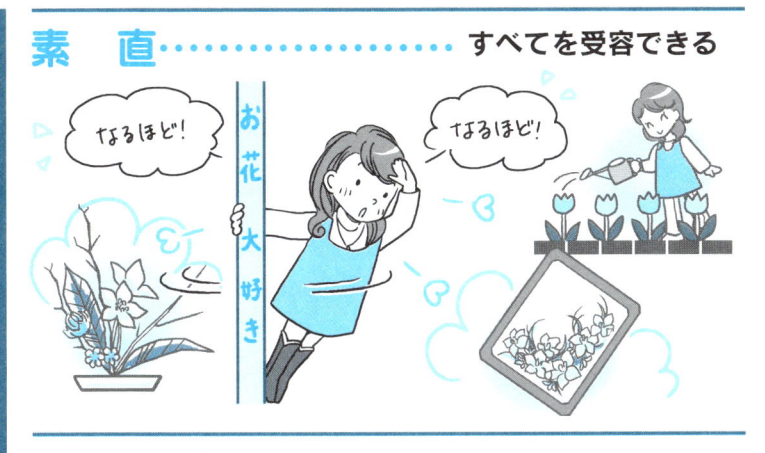

勉強好き……………… すべてを教材にできる

成長する可能性が高いというルールです。

　「素直」とは、いろいろな定義があると思いますが、私の定義では、自分の軸をしっかり持ちながらも、あらゆるものやことや人を"受容"できるということです。

　もともと人間は、「プラス発想」で生まれてくるわけでもないし、マイナス発想で生まれてくるわけでもありません。であるならば、物事をプラスに考えるクセづけをすることが重要です。過去の出来事や、一見マイナスの出来事を、前向きな未来思考にすばやく切り替えられる人が、成功する人の特長のようです。後ろ向きな過去思考では、何も変わらないことをわかっているからでしょうね。

　「勉強好き」とは、どんなことからも学ぶ姿勢やクセづけができているということです。私が若いときは「24時間スイッチオン」という言葉で教えられました。常にアンテナを張って、あらゆるものを見たり、聞いたりしているかということですね。同じものを見ていても、その人によって、そのとらえ方は違います。テレビを見ていても、街を歩く人々を見ていても、どこかのレストランに行っても、学べることはいくらでもあるということですね。自分の意識で、すべてを教材に変えられる人こそ、成長できる人なのです。

　これらの条件を身につけている人は、採用されてからの教育システムやそのほかの刺激を、自分のプラスに転換してい

ける能力が高いといえます。つまり、人材を見極めるときは能力よりも性格を重視するべきであるということです。一時の専門知識やスキルよりも、その人が継続的に進化できる性格を持っているかを重視したいですね。

　もちろん基礎学力や基礎知識・スキルなどの最低限のレベルはしっかり見極める必要がありますが、それをさらに伸ばすのは、その人自身の性格が大きく影響しているということです。素直とは最良の知性なのです。

第3章 幼稚園マネジメントの基礎

18

人材確保の競争時代へ突入

■教職員採用の現状把握

　最近、教職員採用における以下のような共通の嘆きが多くの園長先生から寄せられます。

> うちの園には実習生も来なくなってしまった

> 優秀な学生を選びたくても採用枠の人数にも満たない……だからしょうがなく採用するしかないんです

ここ数年の傾向として顕著なのは、学生の保育園への就職傾向が強くなっていることです。それが良いか悪いかという議論はさておき、事実として少子化による学生の総数が減っていること、さらにその中に占める幼稚園教諭をめざす割合も減少していることは間違いありません。ですから過去のように、何もしなくても学生側から問い合わせがあり、たくさん採用試験に来てくれるという幻想を描いている園は、今後もずっと前述のような嘆きを続ける結果が、待っていることでしょう。

　私の見解としては、業界全体で学生に対してアプローチを強化するべきだと思っています。例えば、全国各地の協会が企画して行う合同説明会の開催や、そこで行うマインドアップセミナーの開催などが効果的でしょう。そのような取り組みをしていく中で、魅力的な職業であることを伝達していかないと、ますます幼稚園教諭をめざす総数が減少して、自分たちが困ることになるのです。それにいち早く気づき、行動を起こしている方はいらっしゃいますが、全国的にはごく一部の動きにすぎないのが残念ですね。

　こうしたことを待ってはいられない現実があり、単独で採

用強化に乗り出す園からのサポート依頼が増えているのも、最近のトレンドといえます。

　一般的な組織と世界的に偉大な組織の徹底的な差異を、膨大なリサーチ結果から導き出してポイントをまとめた良著『ビジョナリーカンパニー② 飛躍の法則』には、こんなことが書いてあります。

> 「偉大な企業への飛躍を導いた指導者は、まずはじめに、適切な人をバスに乗せ、不適切な人をバスから降ろし、次にどこに向かうべきかを決めている」

　やはり、成功のエッセンスをしっかり学んでいる方は、こんな時代だからこそ採用の強化をしておかないと、中長期的に理想の組織を創造できないとわかっているのでしょう。
　自園に適切な人材を確保することに、本気で取り組まないと、バスの中が混乱だらけの組織になって、あとから自分が困り果てることが見えているのでしょう。まさに優秀な人材確保への競争時代がスタートしているのです。

■採用トレンドと取り組みポイント①〜採用マーケティング〜

　そんな時代の中で、なんとか自園に優秀な人材を確保したいと思っている園長先生は多いと思います。前提として、自

分が住んでいるエリアから通える範囲という条件で就職先を探す学生も多いですが、学生側の就職プロセスを整理してみました。

> ①卒園した園に実習に行き、そのまま就職する
> ②教授や就職担当者と話し合った結果、推薦された園で実習・就職する
> ③自分で情報収集をして、希望の園をリサーチして就職する

　もちろん上記以外のパターンもありますが、ここに大概当てはまると思います。

　学生にも「２：６：２の法則」（P118参照）が当てはまります。上位２割の層が多く潜んでいる可能性が高い就職プロセスパターンは③といえます。やはり、自分の職業や職場に関して、真剣に考えながら活動している学生は、まわりからも情報をインプットしますが、自分で情報を得ようと行動を起こしているのです。

　そのような学生に自園の情報を得てもらうために、カギになるのは何だかわかりますか？　なんでもインターネットで情報が手に入る社会に生きてきた20歳の学生がターゲットであることを考えれば……「ホームページ」であることは明確

だと思います。

　幼稚園や保育園への就職をめざす学生にとってかわいそうなのは、それぞれの園を正確に把握するための情報提供量が非常に少ない中で、セレクトしなければならないということです。一般企業のホームページと各園のホームページを比較すればわかると思いますが、リクルート向けの情報量に大きな差異があることがおわかりいただけると思います。

　その結果として、働き出してからのミスマッチが起こり、互いがプラスの関係になっていけないという現象を、多くの園が目の当たりにするのです。それはお互いに責任があると思います。

　まず自園のホームページを見なおしたときに、リクルート向けの情報量をチェックする必要があるでしょう。その上で、以下のような内容が充実していると望ましいですね。

①トップ(理事長・園長)の運営ポリシーや思い
②教職員に対する思い(人材育成への思い、求める人材像など)
③この園で働くことで得られるメリット(どんな先生になれるか、どんな感動ができるか)
④職場の楽しい雰囲気や一体感が伝わる情報や画像
⑤募集要項

　上記の①〜⑤までが、しっかりそろっている園のホーム

ページを見かけることは、実際には少ないです。できれば、そのホームページを見た学生が「すてき」だと感じるデザイン性や見せ方も重要な要素になります。

　まずは採用強化に向けて、その視点で自園のホームページを見つめなおしてみることからスタートしてはいかがでしょうか。しかしホームページの強化・工夫だけで採用希望者が増えたり、優秀な学生がみなさんの園に興味をしめして見学に来てくれたりするわけではありません。ほかにも取り組むべきことがあります。

■採用トレンドと取り組みポイント②〜相思相愛の関係構築〜

　みなさんの園には、当然歴史があります。その歴史の中ではたくさんの先生たちが就職して、退職していったことでしょう。もちろん今まさに園で働いてくれている先生たちもいます。少し、思い浮かべてみましょう。今まででご自身が育てたすばらしい先生たちや、本当に園に貢献してくれた先生たちを……。何人か名前が思い浮かぶと思います。現役の先生たちの中にも、何人かいるかもしれません。

　では、その人たちにはどんな共通の特長や性質があるのでしょうか？　その先生が新人で園に入ってきたときには、どんな印象だったでしょうか？

実は、これらを整理するところから、採用マーケティングがスタートします。「歴史は未来を見るために必要である」「過去を参考にして未来を創る」といったことです。

そして、そのような学生から自園に興味を持ってもらい、採用の階段をあがってきてくれるように採用システムを設計していくことが大切となります。実はこの考え方……園児募集の考え方と、まったく一緒であるとお気づきでしょうか？

個人的には、いろいろな園を見てきた中で以下のような整理をしています。

①園の方針やトップの考えと価値観が近い
  （共感指数が高い）
②成長意欲が高い
  （自発的に自分のモチベーションをつくり出せる）
③環境適応力がある
  （園の風土やカルチャーにうまくなじむことができる）
④自己確立性
  （自分で考えて行動でき、まわりに流されないタイプ）
⑤自己責任性
  （与えられた仕事に責任を持って挑む姿勢が、身についている）

特に、価値観の近似性は重要です。なぜなら、価値観は共有できても、強制はできないからです。育った環境で培われ

てきた価値観や性格というものは、なかなか変わらないものです。前ページで整理した特性を持つ学生に、園を知ってもらう活動を強化しなければなりません。そして園との直接的な接点を増やす必要があります。

　最近、採用強化をしている園の取り組み事例としては、

①学生ボランティアの募集
（各種行事や日常の保育のサポート、実体験の場づくり）
②インターンシップ制の導入
（養成校との交渉）
③学生向け幼稚園説明会・見学会の定期開催
（学生向けパンフレット作成）
④養成校でのプレゼン機会の確保
（養成校の授業の一環として園長が講師に）
⑤実習生への対応強化
（先輩たちのフォロー対応や雰囲気の重要性→口コミに）
⑥リクルーター制度
（学生への相談対応、質問対応、情報発信を担う）

こういった取り組みを段階的に強化していくことで、求める人材と出会える可能性が増えていきます。そしてその接点を通じて、自園の考え方や思いをたくさんの学生に伝え、相思相愛の関係をめざしていくことが重要となります。

　このような各種取り組みの情報や、園からのメッセージと

学生をつなぐ架け橋になるのが「ホームページ」ということです。ですから、ホームページがあればよいということではなく、これらの取り組みを準備した上で、しっかり学生に届くように情報発信できて、はじめて採用システムが強化されることになるのです。その結果として、"選べる採用"につながり、就職後のミスマッチも防ぐことができるでしょう。

　実はこれらの活動が充実してくると、採用のための面接や試験は、必要性が薄れていきます。それは面接や試験の前に、あらかじめ設定されているそれらの多くの接点や時間の中で、相思相愛の関係性が築かれていくからです。その状態になってこそ、勝ち組の採用システムということですね。

第3章 幼稚園マネジメントの基礎

19 人材教育システム

■カテゴリー別教育プログラムの構築

　相思相愛で、ぜひ入ってほしいと願っていた人材が就職してくれたからといって、そこで終わりではないことはお伝えしました。その次のステージは、教育システムの強化となります。

　私は、大まかに5つのカテゴリーにわけて、教育プログラムを構築することをおすすめしています。もっと大まかにわけると、「心のあり方の教育」＋「それを実現するためのスキルやノウハウの教育」が必要であるということです（右ページ図参照）。

　園がめざす理想の姿を共有して、それを実現するために、日々のどんな心がまえや姿勢が必要かを共有し、それを実現するための具体的なスキルやコツを習得してもらうことで、すべてが効果的につながっていくのです。つまり、教育システムは一連のストーリーになっていることが重要であり、その全体像を吟味しながら組み立てることが必要なのです。よ

「カテゴリー別教育プログラム」

①園の理念・ビジョンへの理解と共感

②社会人として一流になるための教育（基本から応用）

③専門知識＆教育活動のスキル習得

④リーダーシップマネジメント

⑤感性や情緒の育成

心のあり方の教育 ＋ それを実現させるためのスキルやノウハウの教育

かれと思ってスポット的に研修を入れても、残念ながら２、３日の効果しかないという事実を実感している園長先生は多いのではないでしょうか。間違ってはいないのですが、より戦略的に先生を育てる仕組みを考える必要があるのです。

就職してすぐに４月から"先生"とよばれるわけですが、先生である前に、社会人としての常識や基本を体得するス

テージが必要となります。最近の養成校では、そこの部分の教育が弱いので、研修のご依頼をいただくことも増えてきました。

　園のトップとしては、自園だけではなく、どこの企業や社会に行っても通用するレベルの人財を育てるための教育プログラムを構築するべきです。自分の職業のステイタスは自分たちであげていくしかないからです。先生たちに、どんな世界や社会に行っても一目おかれるような力を身につけてもらうことをめざして、園の教育システムを強化してほしいと思いますし、それをめざさなければ園の継続的な進化は難しいでしょう。

■思いを共有しカタチにできる人を育てましょう

　それでは人材教育システムの、各カテゴリー別プログラムのポイントについて解説していきたいと思います。
　①の「園の理念・ビジョンへの理解と共感」については、②～④の4つのカテゴリーテーマの基盤になるので、最も重要だと認識するべきです。私は、前述した「理念ハンドブック」「カルチャーブック」などの小冊子を作成することをおすすめしています。リッツカールトンホテルで開発された、世界的に有名なマネジメントツール「クレド」の自園バージョンを作成している園もあります。これらをプロジェクトメンバーで作成するプロセスこそが教育プログラムであり、園の

考えや思いを理解し共感する重要な時間になるのです。そして、その内容を年度末または年度はじめの「経営方針発表会」や日々の朝礼唱和などで共有することで、さらに全体への理解促進を図っていきます。

　しかしそれだけではまだ十分ではありません。組織の日々の活動の中で、園が大切にしていることを考えて行動する習慣をつくりあげることが、最も重要な教育プログラムとなるからです。

　ある園で効果的に機能している事例を紹介しましょう。教職員の中からビジョン浸透委員を選出していただきます。そのメンバーを中心に、ハンドブックで整理されている教職員の行動指針と、子どもたちに対する教育目標を、ひとつずつ「今月の強化テーマ」として設定し、各人にそのテーマを意識させて、より高いレベルで実現するようにうながします。

　例えば、今月の行動指針強化テーマは「チームワークを大切にする」、教育目標強化テーマは「人の話をちゃんと聞ける子を育てる」……といったふうに。そして、月初に上記の各テーマについて発表し、各学年ごとなどのチーム単位で「チームワークを大切にする」とはどういうことか、お互いがどのような行動をするように心がけるべきか、子どもたちが人の話を聞ける状態をつくり出すためには、子どもにどのようにアプローチしなければならないか、などの話し合いが行われます。

　そして月末に、その結果どのような良い変化やエピソード

があったのかを各人が記入用紙に整理して、全員で共有する時間を設けます。これを1年間継続することで、確実に行動指針と教育目標の実現度合いが高まることはいうまでもないでしょう。

　つまり「意識する⇒自分で考える⇒行動する⇒検証する⇒やってよかったと実感する」という一連のプロセスを通過することで、組織や人材は継続的に成長していけるのです。日々の活動の中にその仕組みをつくること！　それが、思いを共有し、カタチにできる人を育てるポイントとなります。

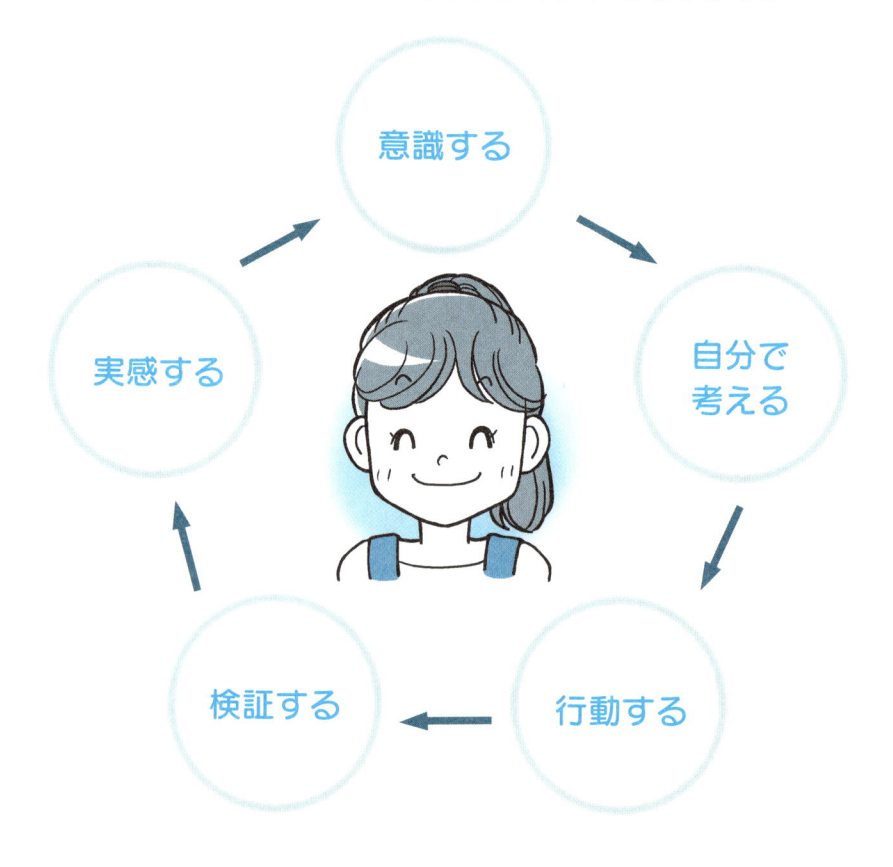

意識する

自分で考える

行動する

検証する

実感する

■より高いレベルの人財を育てましょう！

「②社会人として一流になるための教育」については、読んで字のごとく、マナー、礼儀作法、立ち居振る舞い、身だしなみ、仕事の進め方、報告・連絡・相談、コミュニケーション術など、あげれば切りがないですが、学生から社会人になる先生方には必須の研修となります。残念ながら現在の学生さんや若い先生たちは、全員とはいいませんが、一般教養や常識のレベルが決して高いとは思えません。これはコンサルティング現場で対面しているときにも実感していることですし、そのように思っている園長先生も多いのではないでしょうか。

悪気はないのですが、知らないことによってトラブルが起きてしまうケースが多いので、事前のリスクヘッジの意味でも、細かいレベルでのレクチャーが必要となります。それを怠ると、「なんでそんなことになってしまうの？」と毎日いい続けなければならないのです。日々が対処の連続で、疲労困憊集団になっていくのです。

ある園の取り組みでは、今までのクレーム報告書（なぜクレームが発生したか、どのように対応したか、その結果どうなったか）を作成しており、それを新人さんや若手の先生の研修でテキストとして活用しています。どのようなことをすると、クレームにつながるかが事前にある程度頭に入っている先生と、まったく無知の先生では、行動基準やその結果に

差異が出るのは明らかですよね。これらの教育研修については、外部研修や外部講師などで補っている園も多いと思いますが、個人的には、園内でトップおよび主任クラスが講師となって行うべきだと考えています。実は、人に教える立場になってこそ、本当に勉強する必要性を実感できるからです。トップや幹部クラスも、常に成長しようとしている風土こそ、人が成長する組織のポイントでもあるのです。

「③専門知識＆教育活動のスキル習得」のプログラムは、専門性のある音楽指導や体育指導などの、各園で導入している教育メソッドのスキル向上を実現するために必要となります。基本的には外部の専門講師の力を借りて、先生方により高い知識とスキルを身につけてもらうことで、教育効果を高めていくためのプログラムですね。

　注意してほしいポイントをお伝えしておくと、外部講師やパートナー会社の取り組み姿勢と、園のめざす方向性が一致しているかどうかをしっかり見極めることです。最近は、考え方のミスマッチでトラブルが発生していたり、効果が半減していたりする相談が増えているのも事実です。

「④リーダーシップマネジメント」については、キャリア3年目以上の先生方に必要なプログラムだと考えています。リーダーとしての資質、先輩としての自覚、後輩育成のポイントなど、意外と各園でこの教育が不十分だと感じています。

ですから、学年リーダーや主任になっても、どのように後輩とかかわったり、サポートしたりすればよいのかがわからず、悩んでいる先生がすごく多いのです。

園内でキャリア別に研修内容を最適化していくことが重要です。1年〜2年生は、「社会人として基本から応用編」、3年生〜は「基礎リーダーシップ編」……といった、階層別研修制度を確立してほしいと思います。若い先生にとって、先輩の中で憧れのモデルがいることは、ものすごく重要な成長因子となります。ですから、憧れのリーダーを育てることは組織全体へのプラスの波及効果につながるのです。

「⑤感性や情緒の育成」については、先生方の"ハート"を育てるプログラムとなります。ある園では、教職員全員でミュージカルや、コンサートを鑑賞したり、人気レストランで食事をしたり、映画を見に行ったり、旅行をしたりといった機会を共有することで、先生方の感性や情緒を育む特別プログラムを導入されています。ポイントは、「心が震える共体験！」です。みなさんの園では、全員でどんな共体験をして、心を磨いていますか？　職業柄、あらゆるものへの感性を研ぎ澄まし、子どもにその感覚を体感させてあげられる力が求められます。ぜひ、先生方の感性教育にも力を入れてほしいと思います。

第3章　幼稚園マネジメントの基礎

言葉を行動につなげる成長促進の仕組み

■評価システムの構築

　氷山理論の解説の中で（P22参照）、その園が大切にしていることが、しっかり現場第一線で働く先生たちの行動や具体的な教育内容に反映されているかが重要である！　とお伝えしました。当たり前のことをお伝えしますが、園で求められる正しい行動が、高いレベルでできている教職員が評価される（認められる）仕組みをつくることが重要となります。しかし、園内での仕事内容は、営業会社のように数値的な結果が明確に出ません。故に、園長の単純な好き嫌いや、サジ加減に評価が委ねられてしまっている園が多いことも事実なのです。みなさんの園の現状はいかがでしょうか？

ここで、大切にしていることを行動化するために、必要なことを以下に整理しましょう。

> ①園で求められる正しい行動は何かを明確にする
> ②その行動項目に対する、段階的成長のレベルを具体化する
> ③各人がそのレベルのどの段階なのかを、チェックできるようにする
> ④各人が自分の現状を把握した上で、次の成長ステップを目標化できるようにする

　全国数百園を見てきてはいますが、上記①～④がしっかりと構築されている園は、ほとんど存在しないのも事実です。「とにかくがんばれ！」では、先生たちはがんばれないのです。昔はそれで通用する時代もあったようですが……時代も人も変化しています。

　年度当初に各人が掲げた目標も、年度末になって「そういえばこんな目標を掲げてたっけな」と思い起こしている先生も多いのではないのでしょうか。コンサルティングの現場で直面することではありますが、目標は立てているけれど、その目標が形骸化している組織や個人は、けっこう多いものです。「とにかくがんばれ」というアバウトな激励にあまり効果はありません。何を、どのように、どんなレベルでがんばるかを、わかりやすく伝えてあげることが大切です。

体調管理、身だしなみ、あいさつ、掃除、整理整頓、電話対応、報告・連絡・相談、保護者対応、時間管理……など、各園でそれぞれ行動項目をあげればたくさんあると思います。そして定期的にそのレベルを正しくチェックすることで、次にどんな努力をする必要があるかを、各人が自分の伸びしろとして認識することが重要なのです。

　例えば「あなたは、相手の目を見て大きな声であいさつができるようになったので、次は笑顔をつけ加えられるとさらにいいですね」……という感じで、先輩と後輩がパートナーを組んで、先輩が指導＆サポート役として、定期的に後輩の現状チェックと次の目標を話し合い、共有化する仕組みを導入して、良い成果につながっている園もあります。

明確化された行動項目のレベルを点数化して、金銭的評価（賞与や給与）に反映させている園もありますが、すべての園に金銭的評価と連動させることはおすすめしません。組織のマインドや成長レベルがある程度進化してからでないと、正当な評価につながりにくくなる傾向があり、そして形骸化する可能性があるからです。しかし、①～④の流れで仕組みをつくりあげることは、園の理念やビジョンの実現と連動した先生方の成長促進のために重要だと考えています。

評価システムとお伝えしていますが、意味合いとしてはビジョンを行動化するための、先生方の成長促進システムといったほうがよいかもしれませんね。

■ほめる仕組みづくり～認めるカルチャーが組織を活性化する～

「先生たちのモチベーションにムラがある」「会議をしても意見をいう先生が少なくて……」といった園も少なからず存在します。すべてとはいいませんが、私の経験則では、「認めるカルチャー」が醸成されていない園でそのような現象が起こっているケースが多いと判断しています。

先生方に個別にヒアリングなどをすると「がんばっても、園の中で誰も認めてくれないから、だんだんやる気がなくなってきた」「意見をいっても、ちゃんと聞いてくれないし、結局採用されないから、いうだけ無駄と思うようになってしまった」……というような意見を聞くことがあります。つま

り、認めるカルチャーがないと、がんばることをあきらめる先生をつくり出すことになってしまうのです。意外にも、組織の中にいるとそれが当たり前となり、気づかないケースがあるので、注意してほしいと思います。

　認める風土をつくり出していく上で、まずは相手の話をちゃんと聞ける組織づくりが必要となります。これはとても重要なポイントです。「人の話を聞ける子」といった教育目標を掲げて子どもたちに指導をしているのに、実際は職場の人間同士で、そのような関係性が築けていないケースがあります。相手が話しているのに、途中でさえぎって自分の話をしてみたり、頭ごなしに否定してみたり、先輩やベテランの先生だけで話し合って、いろいろなことを決めてしまったり。……そんな環境では、意見をいうことに躊躇する若い先生が増えていきます。意見をいうことに臆病になっていくのです。そして、思っていても発信しなくなるのです。
　ですから、相手の話をちゃんと聞くことから、認めるカルチャーがスタートするということを組織全体で共有し、実行してもらいたいと思います。

　また、表彰制度なども認める仕組みのひとつでしょう。これは導入している園も多いのではないでしょうか。年間や月間のMVP表彰、テーマ別のMVPなどを表彰しているところが多いですね。テーマは、笑顔１番、素直１番など、その園

で大切にしている項目で設定するのがいいでしょう。園長からみた評価で対象者を決める場合や、先生たちの投票で決定する場合などが考えられます。

　前述したＥＳ（従業員満足）ＴＳ（先生満足）アップのためにも（P13参照）、認める仕組みは必要です。例えば園長が、賞与や給与や本人の誕生日などの節目に、各人に手紙を書いて渡している園もあります。もちろん感謝と、その人の良さやがんばりを認める内容を中心に、簡潔に書かれています。そんなちょっとした手間や心づかいから、組織全体の"認めるカルチャー"がつくられていくのです。その結果、組織の人々が互いに感謝して支え合える風土がつくられていくのです。その風土の中で各人のモチベーションが高まり、人が育つ体制づくりが強化されていくと考えています。

■コミュニケーションシステム〜帰属意識や一体感が生まれる園づくり〜

　全国各地の園にご訪問させていただいていると、あらゆる相談を受けるのですが、それらの諸問題が園内のコミュニケーション体制や、各人のコミュニケーションスキルの欠如が原因となって発生していることが少なくありません。これは、幼稚園や保育園だけではなく社会全体の現象ともとらえています。各組織における「報告・連絡・相談」のレベルには大きな差があります。当然、新人研修などで基本的な知識やスキルについては勉強している組織や先生は多いでしょうが、それをどのレベルで実行できているかは、組織や個人でかなり差異が出ていることを実感します。コミュニケーションロスにより、本来しなくてもよい作業をしてしまったり、次に何をすればよいかわからず、作業がストップしてしまったり……。このようなことは、今まさにみなさんの園で起こっている現象だと思います。

　私は新人のころ、「やる気の法則」というものを教えてもらいました。ただ何も考えないで、いわれたことをやっている業務効率を1とすると、その仕事の目的やねらいや必要性を理解して取り組むことで効率が1.6倍になり、自分が得意なことを自ら計画して自主的に取り組むことで1.6の2乗倍になるという法則です。これは業務効率とコミュニケーションの関連性について、大きなヒントとなるものです。

つまり、個人でもチームでも、その目的やねらいを理解して、仕事に挑む環境をつくることが第1ステップとなり、チームの中で、誰が何を得意としているかを把握して、各人が自主的に仕事に挑む環境づくりをめざすことが、第2ステップとなるということです。その結果、園がめざしている目標や夢に、早く近づくことが可能になるでしょう。

実は、この話は、もう少し大きな視点でとらえると、今まで私がお伝えしてきた「園のビジョンマネジメント」につながります。園がめざす夢やビジョンを共有して、それを理解して、自主的に自らの長所を生かして、行動できる先生たちを育てることが、夢への近道ということですね。

ということは、園長のコミュニケーション能力こそが、園のビジョンマネジメントの成否を左右しているということでもあります。また、今回お話しするコミュニケーションシステムには、別の側面で大切にしてほしいポイントがあります。それは、園内のコミュニケーションを通じて、園に対する帰属意識や一体感が生まれるようなカルチャーを創造していくということです。そのためには、以下のような風土をつくり出すことが大切となります。

①何事も前向きに楽しもうとする風土
②もっとよくできないかと努力を惜しまない風土
③互いに感謝して支え合うことを大切にする風土
④この園で働いていることにプライドを感じる風土

これは、ふだんからどのようなマインドを組織内で共有しているかで、少しずつ醸成されていくものです。まずは園のトップが、このような雰囲気をつくるモデルとなって、日々の言動と行動に注意をすることが大切です。そして伝え続けることが大切です。それが、主任やリーダークラスに、そして現場の若い先生に段階的に伝播していくのです。これこそ、トップのコミュニケーション能力なのです。

感　謝　　前向き　　努　力　　プライド

　しかし、なかなか言葉や理屈だけではピンとこないのも人間ですから、雰囲気を肌で感じることで、その伝播スピードや浸透度を高めていくような工夫も必要です。
　事例をあげると、月に1回全員参加で"レクリエーションタイム"を設けている園があります。その都度担当者を交代して、先生たちが思いっきり楽しめる企画を……ということで、ゲームをしたり、スポーツをしたり、食事をしたりと、

いろいろな企画が行われているそうです。そこでは、園長先生も当然参加して「誰よりも楽しんでやる」ことを大切にされています。

また定期的に行われる会議では、あるテーマに対して「現状よりも、もっと良くできないか？」という話し合いを、全員で行っています。このようなきっかけがあると、先生個々のふだんの仕事にも、そのような姿勢で挑むクセづけができてくるのです。

これらの取り組みを実行している園では、おのずと帰属意識や一体感が生まれてきます。そして、お互いに敬い高め合う集団になっていくことで、組織がさらに進化していくためのベースが構築されていくのです。

第3章 幼稚園マネジメントの基礎

21 幼稚園マネジメント総括論

■結局最後は"人"で決まる

　幼稚園を取り巻く環境や、マーケティング・マネジメントについて、私の考え方やコンサルティング現場からの知見をお伝えしてきました。そして何回か以下のメッセージもお伝えしました。

> 　私が考える幼稚園の未来コンセプトは「幼稚園から家族園へ」そして「地域の教育総合コミュニティー施設へ」となります。
> 　子どもも親も、かかわるすべての人が成長し、そして地域社会に貢献できる幼稚園こそ、本質的ニーズを満たす未来型幼稚園の姿ではないでしょうか。そしてその方法論は各園で違っていいと思いますし、オリジナルモデルを創造した園が新しい時代を切り開いていくと考えています。
> 　既存の延長線上に未来はなく、自ら未来を創造することが大切です。

そして、そこに向かっていくための考え方や、ポイントについて、簡単な解説をさせていただきました。個人的には、すべての要素が大切だと思ってお伝えしてきましたが、最後に「何が1番大切か？」と聞かれたら、間違いなく"人"と答えます。

哲学者・カントの言葉に「人は人によって人になる」というものがあるそうです。人は教育によってようやく人間になれるという意味であると、教育者の野口芳宏先生に教わりました。まさに、その役割の大きな部分を担っているのが園のトップである園長先生であると思います。自分の園の先生方を教育して、その先生方が子どもたちを教育して……。そしてそれが未来につながっていく仕事。すばらしい仕事です。誇り高い仕事です。使命感を持てる仕事です。

私の持論に「仕事の価値は、その仕事そのものにあるのではない！　誰が、どのように、それを行うかによって、その価値が決まる!!」というものがあります。つまり、どんな園長先生が、どんな園運営をして、どんな先生方を育て、どんな子どもたちを育てて、どんな未来を創ろうと努力しているかに価値があるのです。それが本気で伝わってくる園長先生こそ、良い方向に園を導いていける方なのでしょう。園長という肩書だけでは、価値は見いだせないのだと思います。そこだけは大事にしていただきたいです。

私が掲げている幼稚園の未来コンセプトは「家族園」の実

現、「地域の教育総合コミュニティー施設」の実現となります。そのような教育施設が各地に充実していくことこそ、これからの地域や社会が、本当に必要としていることではないでしょうか。

　未来を担う"人"や"地域・社会の真のリーダー"を長期的視野で育成していくこと。それが、園長先生の役割であり、現場の先生方の役割であり、すなわちみなさんの園の重要な役割なのだと思います。その発想で園運営の方向性を常にチェックするべきでしょう。「組織はトップで99％決まる」というメッセージを他人事ではなく、自分のこととして強く意識し、自らが園のリーダー、地域のリーダー、社会のリーダーとなって、次代を担う"人財"を育てる存在になることに、価値と使命を見いだしてほしいと思っています。

　しかし、園長先生1人で、それを担うことは不可能です。自らのビジョンや夢が大きければ大きいほど、まわりの人たちの協力が必要となるでしょう。今までお伝えしてきたように、自分と園のファンを増やすための活動（マーケティング活動）、そしてそのファンに自分の思いを伝え、共感＆浸透させ、多くの協力者を得てパワーアップさせる活動（マネジメント活動）によって、実現する可能性を高めることができるのです。ビジョンや夢を実現するためには、自分以外の人の協力がなければ、難しいということでもあります。ですから、幼稚園マネジメントが重要なのです。

ディズニーの創始者であるウォルト・ディズニーが残したメッセージ「It takes people」＝「夢を現実のものとするのは人である」。まさに、その言葉が今、多くの人たちに夢を提供するスタッフ、1人ひとりの行動につながっています。だからあのような人気を、維持し続けているのでしょう。つまりそこから、夢や思いをカタチにできるのは"人"であるということを、学ぶことができますね。もちろん幼稚園という組織も、まったく一緒なのだと思います。

　組織を一体化して、みなさんの園の先生やスタッフの方々を良い方向に導いていく幼稚園マネジメントについて、解説してきましたが、どんな組織でも重要なテーマだと思っています。なぜならば、夢を現実のものとするのは"人"だからです。結局最後は"人"で決まるのです。ぜひ、自園の人材育成、地域の人材育成、社会の人材育成という大きな役割と使命に、邁進していただきたいと思います。

あ と が き

　幼稚園に通いはじめたころ……

　登園バスに乗るのがいやで、先生とあいさつをした瞬間、自宅に向かってダッシュしていた自分。
　園に足を踏み入れるのがいやで、げた箱で絶対に上ばきにはき替えようとしなかった自分。
　早く家に帰りたいと騒ぎ、しょうがないので園長先生が自宅まで送ってくれたこともあった自分。
　つまり、かなりの問題児だった自分……

　そんな私が、現在幼稚園の経営コンサルタントとして、アドバイザーとして、サポーターとして活動していることが、とても不思議な気持ちです。そして、今回このような本を出版させていただいたことも本当に不思議ですが、これまで支えてきてくれた方、私を育てていただいた方とのご縁に感謝の気持ちでいっぱいです。
　駆け出しのころ、そしてまだまだ未熟だったころ……
「幼稚園の経営コンサルタント？　何ができるの？　そんな必要があるの？」といった言葉をたくさんの方々からいただき、いろいろなつらいことも経験しました。しかし、そんな叱咤激励の中で20代からコンサルタントとして幼稚園をサポートしてきたことで、すばらしい人生の学びを得ることが

できたと思っています。そして、すてきな園長先生たちとの出会いによって、さらに私は成長させていただきました。そんな園長先生が率いる園のサポーターとして、コンサルティング活動やアドバイスをさせていただいている私は、とても幸せだと思っています。

いろいろな角度や立場で、相談に乗ったり、夢や思いを聞かせていただいたりする機会が多く持てたこと、本当にありがたく思っています。自分もこの人生の先輩たちのように未来に向けて思いをカタチにできたらすてきだな……と思うようになりました。そのひとつのカタチとして、この本を出版することができました。また、この本のベースとして少年写真新聞社とのご縁を通じて連載を2年間担当させていただいたことにも大変感謝しております。この連載を通じて、全国各地からたくさんのご相談やお問い合わせや講演依頼をいただきました。この本を読んだ方も、何か園運営での悩みやご相談などがございましたら遠慮せずご連絡ください。

最後となりますが、みなさまの園の今後ますますのご発展を心から祈念しております。これからも、みなさまをサポートしながら、未来創造業に一生懸命取り組んでいきたいと思います。

株式会社クロスライフパートナーズ
代表取締役　雑賀　竜一

【著者プロフィール】

雑賀竜一（さいか　りゅういち）

　1976年神奈川県横須賀市生まれ。株式会社 船井総合研究所在籍の10年間、幼稚園専門の経営コンサルタントとして経験を積む。現在は株式会社 クロスライフパートナーズ代表取締役。

　「幼稚園トータルサポート事業」を通じて、接点を持った園は数百園を数え、全国各地の幼稚園を駆けまわる毎日。日本の未来を創る子どもたちが健全に育つための幼児教育環境の充実をめざし、地域の大人と子どもたちがかかわりながら支え合い、学び合える、教育総合コミュニティーづくりをめざす。

ホームページ　http://www.crosslifepartners.com/

【引用】

P128『ビジョナリーカンパニー2　飛躍の法則』ジェームズ・C・コリンズ著　山岡洋一訳　日経BP社

【カバー】

ナカミツデザイン

地域で1番の園をめざして！ 幼稚園の経営を劇的に変える方法

2012年3月10日初版第1刷発行

著　　　者　　雑賀竜一
発　行　人　　松本 恒
発　行　所　　株式会社 少年写真新聞社
　　　　　　　〒102-8232　東京都千代田区九段南4-7-16 市ヶ谷KTビルI
　　　　　　　Tel（03）3264-2624　Fax（03）5276-7785
　　　　　　　http://www.schoolpress.co.jp
印刷・製本　　大日本印刷株式会社

©Ryuichi Saika 2012　Printed in Japan
ISBN978-4-87981-419-7 C3037

イラスト：細尾沙代　DTP：横山昇用　校正：石井理抄子　企画・編集：大津豪太 矢沢なおみ　編集長：北村摩理

本書を無断で複写・複製・転載・デジタルデータ化することを禁じます。
乱丁・落丁本はお取り替えいたします。定価はカバーに表示してあります。